Saveurs Exotiques de la Cuisine Thaï
Un Voyage Culinaire Époustouflant

Sophie Leclerc

Contenu

Crevettes à la sauce litchi *10*
Crevettes mijotées aux mandarines *11*
Crevettes mange-tout *12*
Crevettes aux champignons chinois *13*
Crevettes et petits pois braisés *14*
Gambas au chutney de mangue *15*
Boulettes de crevettes frites avec sauce à l'oignon *17*
Crevettes mandarines aux petits pois *18*
Crevettes de Pékin *19*
Gambas au poivre *20*
Crevettes sautées au porc *21*
Crevettes frites avec sauce au xérès *22*
Crevettes sautées au sésame *23*
Crevettes mijotées dans leur carapace *24*
Crevette frite *25*
Tempura de crevettes *26*
sous-gingival *27*
Crevettes au tofu *28*
Crevettes aux tomates *29*
Crevettes à la sauce tomate *30*
Crevettes à la sauce tomate et chili *31*
Crevettes mijotées à la sauce tomate *32*
Crevettes aux légumes *33*
Crevettes aux châtaignes d'eau *34*
Wontons aux crevettes *35*
Ormeau au poulet *36*
Ormeau aux asperges *37*
Abalone aux champignons *39*
Ormeau à la sauce aux huîtres *40*
Palourdes cuites à la vapeur *41*
Palourdes aux germes de soja *41*
Palourdes au gingembre et à l'ail *42*

Palourdes mijotées *43*
beignets de crabe *44*
Crème de crabe *45*
Chair de crabe aux feuilles chinoises *46*
Crabe Foo Yung aux germes de soja *47*
crabe au gingembre *48*
Crabe Lo Mein *49*
Crabes frits au porc *50*
Chair de crabe frite *51*
Boulettes de seiche frites *52*
Homard Cantonais *53*
Homard frit *55*
Homard vapeur au jambon *56*
Homard aux champignons *57*
Queues de homard de porc *58*
Homard frit *59*
nids de homard *61*
Moules à la sauce aux haricots noirs *62*
Moules au gingembre *63*
moules à la vapeur *64*
Huîtres frites *65*
Huîtres au bacon *66*
Huîtres frites au gingembre *67*
Huîtres à la sauce aux haricots noirs *68*
Peignes aux pousses de bambou *69*
Pétoncles à l'oeuf *70*
Pétoncles au brocoli *71*
Saint-Jacques au gingembre *73*
Pétoncles au jambon *74*
Pétoncles panés aux herbes *75*
Pétoncles braisés et oignons *76*
Pétoncles aux légumes *77*
Saint-Jacques au poivre *78*
Calamars aux germes de soja *79*
Calamar frit *80*
Paquets de calmars *81*

Rouleaux de calamars frits	*83*
Calamar frit	*84*
Calamars aux champignons séchés	*85*
Calamars aux légumes	*86*
Mijoté de boeuf à l'anis	*87*
Bœuf aux asperges	*88*
Bœuf aux pousses de bambou	*89*
Boeuf aux pousses de bambou et champignons	*90*
Bœuf braisé à la chinoise	*91*
Bœuf aux germes de soja	*92*
Bœuf avec brocoli	*94*
Bœuf au sésame avec brocoli	*95*
Bœuf au barbecue	*96*
Bœuf cantonais	*97*
Bœuf aux carottes	*98*
Bœuf aux noix de cajou	*99*
Ragoût de boeuf lent	*100*
Bœuf au chou-fleur	*101*
Bœuf au céleri	*102*
Emincé de boeuf, sauté au céleri	*103*
Bœuf au poulet et céleri	*104*
boeuf chili	*106*
Bœuf au chou de Pékin	*107*
Boeuf Chop Suey	*108*
Bœuf au concombre	*110*
Chow mein au boeuf	*111*
steak de concombre	*113*
Curry de rôti de boeuf	*114*
Ormeau mariné	*115*
Pousses de bambou cuites	*116*
Poulet au concombre	*117*
Poulet au sésame	*118*
Litchis au gingembre	*119*
Ailes de poulet cuites rouges	*120*
Chair de crabe au concombre	*121*
Champignons marinés	*122*

Champignons à l'ail marinés *123*
Crevettes et chou-fleur *124*
Bâtonnets de jambon au sésame *125*
Tofu froid *126*
Poulet au bacon *127*
Frites de poulet et banane *129*
Poulet au gingembre et champignons *130*
Poulet et jambon *132*
Foies de volaille grillés *133*
Boulettes de crabe à la châtaigne d'eau *134*
dim sum *135*
Rouleaux de jambon et de poulet *136*
Chaussons au jambon cuit *138*
Poisson pseudo-fumé *139*
champignons farcis *141*
Champignons à la sauce d'huître *142*
Rouleaux de porc et salade *143*
Boulettes de porc et châtaignes *145*
Dumplings au porc *146*
Steaks de porc et de veau *147*
Crevette papillon *148*
crevettes chinoises *149*
Craquelins aux crevettes *150*
Crevettes croustillantes *151*
Gambas sauce gingembre *152*
Rouleaux de crevettes et de pâtes *153*
Toast aux Crevettes *155*
Wontons au porc et aux crevettes avec sauce aigre-douce *156*
bouillon de poulet *158*
Soupe aux germes de soja et au porc *159*
Soupe d'ormeaux et de champignons *160*
Soupe au poulet et aux asperges *162*
soupe de boeuf *163*
Soupe de boeuf et feuilles chinoises *164*
Soupe aux choux *165*
Soupe de boeuf épicée *166*

soupe céleste	168
Soupe au poulet et pousses de bambou	169
Soupe au poulet et maïs	170
Soupe au poulet et au gingembre	171
Soupe de poulet aux champignons chinois	172
Soupe au poulet et au riz	173
Soupe au poulet et à la noix de coco	174
Chaudrée de palourdes	175
soupe aux oeufs	176
Soupe de crabe et pétoncles	177
soupe de crabe	179
Poisson	180
Soupe de poisson et salade	181
Soupe au gingembre avec boulettes	183
Soupe aigre-piquante	184
Soupe aux champignons	185
Soupe aux champignons et choux	186
Soupe aux oeufs aux champignons	187
Soupe aux champignons et châtaignes d'eau	188
Soupe au porc et aux champignons	189
Soupe au porc et cresson	190
Soupe au porc et concombre	191
Boulettes de porc et soupe de nouilles	192
Soupe aux épinards et tofu	193
Soupe de maïs et de crabe	194
Soupe sichuanaise	195
Soupe de tofu	197
Soupe de tofu et poisson	198
Soupe à la tomate	199
Soupe aux tomates et aux épinards	200
soupe de navet	201
Soupe aux légumes	202
Soupe végétarienne	203
soupe de cresson	204
Poisson frit aux légumes	205
Le poisson entier est frit	207

Ragoût de poisson au soja *208*
Poisson de soja à la sauce d'huître *210*
Loup de mer cuit à la vapeur *212*
Mijoté de poisson aux champignons *213*
Poisson aigre-doux *215*
Poisson farci au porc *217*

Crevettes à la sauce litchi

pour 4 personnes

50g/2oz/¬Ω Gobelet ordinaire (tout usage) farine

2,5 ml/¬Ω cc de sel

1 oeuf, légèrement battu

30 ml / 2 cuillères à soupe d'eau

450 g de crevettes décortiquées

huile de cuisson

30 ml/2 cuillères à soupe d'huile d'arachide

2 tranches de racine de gingembre, hachées

30 ml/2 cuillères à soupe de vinaigre de vin

5 ml / 1 cuillère à café de sucre

2,5 ml/¬Ω cc de sel

15 ml / 1 cuillère à soupe de sauce soja

7 oz/200 g de litchis en conserve, égouttés

Mélangez la farine, le sel, l'œuf et l'eau pour former une pâte, en ajoutant un peu d'eau si nécessaire. Mélanger avec les crevettes jusqu'à ce qu'elles soient bien enrobées. Faites chauffer l'huile et faites revenir les crevettes quelques minutes jusqu'à ce qu'elles deviennent croustillantes et dorées. Égouttez sur du papier absorbant et placez sur un plat de service réchauffé. Pendant ce temps, chauffer l'huile et faire revenir le gingembre pendant 1 minute. Ajouter le vinaigre de vin, le sucre, le sel et la sauce soja. Ajouter les litchis et remuer jusqu'à ce qu'ils soient bien chauds et enrobés de sauce. Verser sur les crevettes et servir immédiatement.

Crevettes mijotées aux mandarines

pour 4 personnes

60 ml/4 cuillères à soupe d'huile d'arachide
1 gousse d'ail, hachée
1 tranche de racine de gingembre, hachée
450 g de crevettes décortiquées
30 ml/2 c. vin de riz ou xérès sec 30 ml/2 c. sauce soja
15 ml/1 cuillère à soupe de fécule de maïs (maïzena)
45 ml / 3 cuillères à soupe d'eau

Faire chauffer l'huile et faire revenir l'ail et le gingembre jusqu'à ce qu'ils soient légèrement dorés. Ajouter les crevettes et faire revenir 1 minute. Ajouter le vin ou le xérès et bien mélanger.

Ajouter la sauce soya, la fécule de maïs et l'eau et faire sauter pendant 2 minutes.

Crevettes mange-tout

pour 4 personnes

5 champignons chinois séchés
225 g/8 oz de germes de soja
60 ml/4 cuillères à soupe d'huile d'arachide
5 ml / 1 cuillère à café de sel
2 branches de céleri, hachées
4 oignons (oignons verts), hachés
2 gousses d'ail, hachées
2 tranches de racine de gingembre, hachées
60 ml / 4 cuillères à soupe d'eau
15 ml / 1 cuillère à soupe de sauce soja
15 ml / 1 cuillère à soupe d'alcool de riz ou de xérès sec
8 oz/225 g de pois mange-tout
225 g de crevettes décortiquées
15 ml/1 cuillère à soupe de fécule de maïs (maïzena)

Faire tremper les champignons dans de l'eau tiède pendant 30 minutes, puis les égoutter. Jetez les tiges et coupez les chapeaux. Blanchir les germes de soja dans de l'eau bouillante pendant 5 minutes, puis bien les égoutter. Faites chauffer la moitié de l'huile et faites revenir le sel, le céleri, l'oignon et les germes de soja pendant 1 minute, puis retirez-les de la poêle. Faire chauffer le reste de l'huile et faire revenir l'ail et le gingembre jusqu'à ce qu'ils soient légèrement dorés. Ajouter la moitié de l'eau, la sauce soja, le vin ou le xérès, les mange-tout et les crevettes, porter à ébullition et laisser mijoter 3 minutes. Mélanger la fécule de maïs et l'eau restante pour former une pâte, verser dans une casserole et cuire, en remuant, jusqu'à ce que la sauce épaississe. Remettre les légumes dans la poêle, laisser mijoter jusqu'à ce qu'ils soient tendres. Sers immédiatement.

Crevettes aux champignons chinois

pour 4 personnes

8 champignons chinois séchés
45 ml / 3 cuillères à soupe d'huile d'arachide
3 tranches de racine de gingembre, hachées

450 g de crevettes décortiquées
15 ml / 1 cuillère à soupe de sauce soja
5 ml / 1 cuillère à café de sel
60 ml / 4 cuillères à soupe de fumet de poisson

Faire tremper les champignons dans de l'eau tiède pendant 30 minutes, puis les égoutter. Jetez les tiges et coupez les chapeaux. Faire chauffer la moitié de l'huile et faire revenir le gingembre jusqu'à ce qu'il soit légèrement doré. Ajouter les crevettes, la sauce soja et le sel et faire revenir jusqu'à ce qu'elles soient enrobées d'huile, puis retirer de la poêle. Faire chauffer le reste de l'huile et faire revenir les champignons jusqu'à ce qu'ils soient dorés dans l'huile. Ajouter le bouillon, porter à ébullition, couvrir et laisser mijoter 3 minutes. Remettre les crevettes dans la poêle et remuer jusqu'à ce qu'elles soient bien chaudes.

Crevettes et petits pois braisés

pour 4 personnes
450 g de crevettes décortiquées
5 ml / 1 cuillère à café d'huile de sésame
5 ml / 1 cuillère à café de sel

30 ml/2 cuillères à soupe d'huile d'arachide

1 gousse d'ail, hachée

1 tranche de racine de gingembre, hachée

8 oz/225 g de pois blanchis ou surgelés, décongelés

4 oignons (oignons verts), hachés

30 ml / 2 cuillères à soupe d'eau

sel et poivre

Mélanger les crevettes avec l'huile de sésame et le sel. Faire chauffer l'huile et faire revenir l'ail et le gingembre pendant 1 minute. Ajouter les crevettes et faire revenir 2 minutes. Ajouter les petits pois et faire revenir 1 minute. Ajouter les oignons et l'eau, assaisonner avec du sel et du poivre et, si désiré, un peu plus d'huile de sésame. Réchauffer en remuant soigneusement avant de servir.

Gambas au chutney de mangue

pour 4 personnes

12 gambas

sel et poivre

1 jus de citron

30 ml/2 cuillères à soupe de fécule de maïs (maïzena)

1 mangue

5 ml/1 cuillère à café de poudre de moutarde

5 ml / 1 cuillère à café de miel

30 ml/2 cuillères à soupe de crème de coco

30 ml/2 cuillères à soupe de poudre de curry doux

120 ml / 4 fl oz / ¬Ω tasse de bouillon de poulet

45 ml / 3 cuillères à soupe d'huile d'arachide

2 gousses d'ail, hachées

2 oignons (oignons verts), hachés

1 bulbe de fenouil, haché

100g/4oz de chutney de mangue

Décortiquez les crevettes en laissant les queues intactes. Saupoudrer de sel, de poivre et de jus de citron, puis enrober de la moitié de la fécule de maïs. Pelez la mangue, coupez la pulpe du noyau puis coupez-la en cubes. Mélanger la moutarde, le miel, la crème de noix de coco, la poudre de curry, le reste de fécule de maïs et le bouillon. Faire chauffer la moitié de l'huile et faire revenir l'ail, les oignons et le fenouil pendant 2 minutes. Verser le mélange de bouillon, porter à ébullition et laisser mijoter 1 minute. Ajouter les cubes de mangue et le chutney et chauffer doucement, puis transférer dans une assiette de service chauffée. Faites chauffer le reste d'huile et faites revenir les crevettes pendant 2 minutes. Disposez-les sur les légumes et servez immédiatement.

Boulettes de crevettes frites avec sauce à l'oignon

pour 4 personnes

3 oeufs, légèrement battus
45 ml/3 cuillères à soupe de farine ordinaire (tout usage)
sel et poivre fraîchement moulu
450 g de crevettes décortiquées
huile de cuisson
15 ml / 1 cuillère à soupe d'huile d'arachide (cacahuète)
2 oignons, hachés
15 ml/1 cuillère à soupe de fécule de maïs (maïzena)
30 ml/2 cuillères à soupe de sauce soja
6 fl oz/¬œ tasse d'eau

Mélanger les œufs, la farine, le sel et le poivre. Ajouter les crevettes à la pâte. Faites chauffer l'huile et faites revenir les crevettes jusqu'à ce qu'elles soient dorées. Pendant ce temps, chauffer l'huile et faire revenir les oignons pendant 1 minute. Mélanger le reste des ingrédients en une pâte, incorporer les oignons et cuire, en remuant, jusqu'à ce que la sauce épaississe. Égoutter les crevettes et les disposer sur un plat de service réchauffé. Arroser de sauce et servir immédiatement.

Crevettes mandarines aux petits pois

pour 4 personnes

60 ml/4 cuillères à soupe d'huile d'arachide

1 gousse d'ail, hachée

1 tranche de racine de gingembre, hachée

450 g de crevettes décortiquées

30 ml/2 cuillères à soupe de vin de riz ou de xérès sec

8 oz/225 g de pois surgelés, décongelés

30 ml/2 cuillères à soupe de sauce soja

15 ml/1 cuillère à soupe de fécule de maïs (maïzena)

45 ml / 3 cuillères à soupe d'eau

Faire chauffer l'huile et faire revenir l'ail et le gingembre jusqu'à ce qu'ils soient légèrement dorés. Ajouter les crevettes et faire revenir 1 minute. Ajouter le vin ou le xérès et bien mélanger. Ajouter les petits pois et faire sauter pendant 5 minutes. Ajouter le reste des ingrédients et faire revenir 2 minutes.

Crevettes de Pékin

pour 4 personnes

30 ml/2 cuillères à soupe d'huile d'arachide
2 gousses d'ail, hachées
1 tranche de racine de gingembre, hachée finement
225 g de crevettes décortiquées
4 oignons (oignons verts), tranchés épais
120 ml / 4 fl oz / ½ tasse de bouillon de poulet
5 ml/1 cuillère à café de cassonade
5 ml/1 cuillère à café de sauce soja
5 ml/1 cuillère à café de sauce hoisin
5 ml/1 cuillère à café de sauce tabasco

Faire chauffer l'huile avec l'ail et le gingembre et faire sauter jusqu'à ce que l'ail soit légèrement doré. Ajouter les crevettes et faire revenir 1 minute. Ajouter les oignons et faire revenir 1 minute. Ajouter le reste des ingrédients, porter à ébullition, couvrir et laisser mijoter 4 minutes en remuant de temps en temps. Vérifiez l'assaisonnement et ajoutez un peu de sauce Tabasco si vous le souhaitez.

Gambas au poivre

pour 4 personnes

30 ml/2 cuillères à soupe d'huile d'arachide
1 poivron vert, coupé en morceaux
450 g de crevettes décortiquées
10 ml / 2 cuillères à café de fécule de maïs (maïzena)
60 ml / 4 cuillères à soupe d'eau
5 ml/1 cuillère à café de vin de riz ou de xérès sec
2,5 ml/¬Ω cc de sel
45 ml/2 cuillères à soupe de purée de tomates (pâte)

Faire chauffer l'huile et faire revenir les poivrons 2 minutes. Ajouter les crevettes et la purée de tomates et bien mélanger. Mélanger l'eau de semoule de maïs, le vin ou le xérès et le sel en une pâte, verser dans une casserole et laisser mijoter, en remuant, jusqu'à ce que la sauce soit claire et épaissie.

Crevettes sautées au porc

pour 4 personnes

225 g de crevettes décortiquées
100 g de porc maigre, haché
60 ml/4 cuillères à soupe d'alcool de riz ou de xérès sec
1 blanc d'oeuf
45 ml/3 cuillères à soupe de semoule de maïs (fécule de maïs)
5 ml / 1 cuillère à café de sel
15 ml/1 cuillère à soupe d'eau (facultatif)
90 ml / 6 cuillères à soupe d'huile d'arachide
45 ml/3 cuillères à soupe de fumet de poisson
5 ml/1 cuillère à café d'huile de sésame

Placer les crevettes et le porc dans des bols séparés. Mélangez 45 ml / 3 cuillères à soupe de vin ou de xérès, le blanc d'œuf, 30 ml / 2 cuillères à soupe de fécule de maïs et le sel pour former une pâte lisse, en ajoutant de l'eau si nécessaire. Répartir le mélange entre le porc et les crevettes et bien mélanger pour bien enrober. Faire chauffer l'huile et faire frire le porc et les crevettes pendant quelques minutes jusqu'à ce qu'ils soient dorés. Retirer de la poêle et verser tout sauf 15 ml / 1 cuillère à soupe d'huile. Ajouter le bouillon dans la poêle avec le reste du vin ou du xérès et la fécule de maïs. Porter à ébullition et laisser mijoter, en remuant, jusqu'à ce que la sauce épaississe. Verser sur les crevettes et le porc et servir arrosé d'huile de sésame.

Crevettes frites avec sauce au xérès

pour 4 personnes

50 g/2 oz/¬Ω tasse de farine ordinaire (tout usage)

2,5 ml/¬Ω cc de sel

1 oeuf, légèrement battu

30 ml / 2 cuillères à soupe d'eau

450 g de crevettes décortiquées

huile de cuisson

15 ml / 1 cuillère à soupe d'huile d'arachide (cacahuète)

1 oignon, haché finement

45 ml/3 cuillères à soupe d'alcool de riz ou de xérès sec

15 ml / 1 cuillère à soupe de sauce soja

120 ml / 4 fl oz / ¬Ω tasse de fumet de poisson

10 ml / 2 cuillères à café de fécule de maïs (maïzena)

30 ml / 2 cuillères à soupe d'eau

Mélangez la farine, le sel, l'œuf et l'eau pour former une pâte, en ajoutant un peu d'eau si nécessaire. Mélanger avec les crevettes jusqu'à ce qu'elles soient bien enrobées. Faites chauffer l'huile et faites revenir les crevettes quelques minutes jusqu'à ce qu'elles deviennent croustillantes et dorées. Égouttez sur du papier absorbant et placez sur un plat de service réchauffé. Pendant ce temps, chauffer l'huile et faire revenir l'oignon jusqu'à ce qu'il soit tendre. Ajouter le vin ou le xérès, la sauce soja et le bouillon, porter à ébullition et laisser mijoter 4 minutes. Mélanger la fécule de maïs et l'eau pour former une pâte, mélanger dans une casserole et cuire, en remuant, jusqu'à ce que la sauce soit claire et épaissie. Verser la sauce sur les crevettes et servir.

Crevettes sautées au sésame

pour 4 personnes
450 g de crevettes décortiquées
¬Ω blanc d'œuf
5 ml/1 cuillère à café de sauce soja
5 ml/1 cuillère à café d'huile de sésame
50 g/2 oz/¬Ω tasse de semoule de maïs (fécule de maïs)
sel et poivre blanc fraîchement moulu
huile de cuisson

60 ml/4 cuillères à soupe de graines de sésame
feuilles de laitue

Mélanger les crevettes avec le blanc d'œuf, la sauce soja, l'huile de sésame, la fécule de maïs, le sel et le poivre. Ajouter un peu d'eau si le mélange est trop épais. Faites chauffer l'huile et faites frire les crevettes quelques minutes jusqu'à ce qu'elles soient légèrement dorées. Pendant ce temps, faites brièvement griller les graines de sésame dans une poêle à sec jusqu'à ce qu'elles soient dorées. Égoutter les crevettes et mélanger avec les graines de sésame. Servir sur un lit de salade.

Crevettes mijotées dans leur carapace

pour 4 personnes
60 ml/4 cuillères à soupe d'huile d'arachide
750 g/1 lb de crevettes non décortiquées
3 oignons (oignons verts), hachés
3 tranches de racine de gingembre, hachées
2,5 ml/¬Ω cc de sel
15 ml / 1 cuillère à soupe d'alcool de riz ou de xérès sec
120 ml / 4 fl oz / ¬Ω tasse de ketchup (catsup)

15 ml / 1 cuillère à soupe de sauce soja
15 ml / 1 cuillère à soupe de sucre
15 ml/1 cuillère à soupe de fécule de maïs (maïzena)
60 ml / 4 cuillères à soupe d'eau

Faire chauffer l'huile et faire frire les crevettes pendant 1 minute si elles sont cuites ou jusqu'à ce qu'elles deviennent roses si elles ne sont pas cuites. Ajouter les oignons, le gingembre, le sel et le vin ou le xérès et faire sauter pendant 1 minute. Ajouter le ketchup, la sauce soja et le sucre et faire revenir 1 minute. Mélanger la fécule de maïs et l'eau, verser dans une casserole et laisser mijoter, en remuant, jusqu'à ce que la sauce soit claire et épaissie.

Crevette frite

pour 4 personnes

75 g / 3 oz / ½ tasse de semoule de maïs (fécule de maïs)
1 blanc d'oeuf
5 ml/1 cuillère à café de vin de riz ou de xérès sec
sel
350 g/12 oz de crevettes décortiquées

huile de cuisson

Fouetter la fécule de maïs, le blanc d'œuf, le vin ou le xérès et une pincée de sel pour former une pâte épaisse. Tremper les crevettes dans la pâte jusqu'à ce qu'elles soient bien dorées. Faire chauffer l'huile à feu moyen et faire frire les crevettes pendant quelques minutes jusqu'à ce qu'elles soient dorées. Retirer de l'huile, chauffer jusqu'à ce qu'ils soient chauds, puis faire frire les crevettes jusqu'à ce qu'elles soient croustillantes et dorées.

Tempura de crevettes

pour 4 personnes
450 g de crevettes décortiquées
30 ml/2 cuillères à soupe de farine ordinaire (tout usage)
30 ml/2 cuillères à soupe de fécule de maïs (maïzena)
30 ml / 2 cuillères à soupe d'eau
2 œufs, battus
huile de cuisson

Coupez les crevettes à mi-hauteur de la courbe intérieure et étalez-les pour former un papillon. Mélanger la farine, la fécule de maïs et l'eau pour faire une pâte, puis incorporer les œufs. Faites chauffer l'huile et faites revenir les crevettes jusqu'à ce qu'elles soient dorées.

sous-gingival

pour 4 personnes

30 ml/2 cuillères à soupe d'huile d'arachide
2 oignons (oignons verts), hachés
1 gousse d'ail, hachée
1 tranche de racine de gingembre, hachée
100 g/4 oz de blanc de poulet, coupé en lanières
100 g / 4 oz de jambon coupé en lanières
100 g de pousses de bambou coupées en lanières
100 g de châtaignes d'eau, coupées en lanières
225 g de crevettes décortiquées
30 ml/2 cuillères à soupe de sauce soja
30 ml/2 cuillères à soupe de vin de riz ou de xérès sec
5 ml / 1 cuillère à café de sel
5 ml / 1 cuillère à café de sucre
5 ml/1 cuillère à café de fécule de maïs (fécule de maïs)

Faire chauffer l'huile et faire revenir les oignons, l'ail et le gingembre jusqu'à ce qu'ils soient légèrement dorés. Ajouter le poulet et faire revenir 1 minute. Ajouter le jambon, les pousses de bambou et les châtaignes d'eau et faire revenir 3 minutes. Ajouter les crevettes et faire revenir 1 minute. Ajouter la sauce soja, le vin ou le xérès, le sel et le sucre et faire sauter pendant 2 minutes. Mélangez la fécule de maïs avec un peu d'eau, versez-la dans une casserole et laissez mijoter 2 minutes en remuant.

Crevettes au tofu

pour 4 personnes

45 ml / 3 cuillères à soupe d'huile d'arachide
8 oz/225 g de tofu, coupé en cubes
1 oignon (oignon vert), haché
1 gousse d'ail, hachée
15 ml / 1 cuillère à soupe de sauce soja
5 ml / 1 cuillère à café de sucre
90 ml/6 cuillères à soupe de fumet de poisson
225 g de crevettes décortiquées
15 ml/1 cuillère à soupe de fécule de maïs (maïzena)
45 ml / 3 cuillères à soupe d'eau

Faites chauffer la moitié de l'huile et faites revenir le tofu jusqu'à ce qu'il soit légèrement doré, puis retirez-le de la poêle. Faire chauffer le reste de l'huile et faire revenir les oignons et l'ail jusqu'à ce qu'ils soient légèrement dorés. Ajouter la sauce soja, le sucre et le bouillon et porter à ébullition. Ajouter les crevettes et remuer à feu doux pendant 3 minutes. Mélanger la semoule de maïs et l'eau pour former une pâte, verser dans une casserole et cuire, en remuant, jusqu'à ce que la sauce épaississe. Remettre le tofu dans la poêle et laisser mijoter doucement jusqu'à ce qu'il soit bien chaud.

Crevettes aux tomates

pour 4 personnes

2 blancs d'œufs
30 ml/2 cuillères à soupe de fécule de maïs (maïzena)
5 ml / 1 cuillère à café de sel
450 g de crevettes décortiquées
huile de cuisson
30 ml/2 cuillères à soupe de vin de riz ou de xérès sec
8 oz/225 g de tomates, pelées, épépinées et hachées

Mélanger les blancs d'œufs, la fécule de maïs et le sel. Incorporer les crevettes jusqu'à ce qu'elles soient bien enrobées. Faire chauffer l'huile et faire frire les crevettes jusqu'à ce qu'elles soient cuites. Ajouter tout sauf 15 ml/1 cuillère à soupe d'huile et chauffer. Ajouter le vin ou le xérès et les tomates et porter à ébullition. Incorporer les crevettes et réchauffer rapidement avant de servir.

Crevettes à la sauce tomate

pour 4 personnes

30 ml/2 cuillères à soupe d'huile d'arachide
1 gousse d'ail, hachée
2 tranches de racine de gingembre, hachées
2,5 ml/¬Ω cc de sel
15 ml / 1 cuillère à soupe d'alcool de riz ou de xérès sec
15 ml / 1 cuillère à soupe de sauce soja
6 ml/4 cuillères de ketchup (catsup)
120 ml / 4 fl oz / ¬Ω tasse de fumet de poisson
350 g/12 oz de crevettes décortiquées
10 ml / 2 cuillères à café de fécule de maïs (maïzena)
30 ml / 2 cuillères à soupe d'eau

Faire chauffer l'huile et faire revenir l'ail, le gingembre et le sel pendant 2 minutes. Ajouter le vin ou le sherry, la sauce soja, le ketchup et le bouillon et porter à ébullition. Ajouter les crevettes, couvrir et laisser mijoter 2 minutes. Mélanger la fécule de maïs et l'eau pour former une pâte, ajouter à la casserole et cuire, en remuant, jusqu'à ce que la sauce soit claire et épaissie.

Crevettes à la sauce tomate et chili

pour 4 personnes

60 ml/4 cuillères à soupe d'huile d'arachide
15 ml/1 cuillère à soupe de gingembre haché
15 ml/1 cuillère à soupe d'ail haché
15 ml / 1 cuillère à soupe d'oignon haché
60 ml/4 cuillères à soupe de purée de tomates (pâte)
15 ml / 1 cuillère à soupe de sauce chili
450 g de crevettes décortiquées
15 ml/1 cuillère à soupe de fécule de maïs (maïzena)
15 ml / 1 cuillère à soupe d'eau

Faire chauffer l'huile et faire revenir le gingembre, l'ail et la ciboulette pendant 1 minute. Ajouter la purée de tomates et la sauce chili et bien mélanger. Ajouter les crevettes et faire revenir 2 minutes. Mélanger la fécule de maïs et l'eau dans une pâte, ajouter à la casserole et laisser mijoter jusqu'à ce que la sauce épaississe. Sers immédiatement.

Crevettes mijotées à la sauce tomate

pour 4 personnes

50 g/2 oz/¬Ω tasse de farine ordinaire (tout usage)

2,5 ml/¬Ω cc de sel

1 oeuf, légèrement battu

30 ml / 2 cuillères à soupe d'eau

450 g de crevettes décortiquées

huile de cuisson

30 ml/2 cuillères à soupe d'huile d'arachide

1 oignon, haché finement

2 tranches de racine de gingembre, hachées

75 ml/5 cuillères de ketchup (catsup)

10 ml / 2 cuillères à café de fécule de maïs (maïzena)

30 ml / 2 cuillères à soupe d'eau

Mélangez la farine, le sel, l'œuf et l'eau pour former une pâte, en ajoutant un peu d'eau si nécessaire. Mélanger avec les crevettes jusqu'à ce qu'elles soient bien enrobées. Faites chauffer l'huile et faites revenir les crevettes quelques minutes jusqu'à ce qu'elles deviennent croustillantes et dorées. Égoutter sur du papier absorbant.

Pendant ce temps, chauffer l'huile et faire revenir l'oignon et le gingembre jusqu'à ce qu'ils soient tendres. Ajouter le ketchup aux tomates et laisser mijoter 3 minutes. Mélanger la fécule de maïs et l'eau dans une pâte, ajouter à la casserole et cuire, en remuant, jusqu'à ce que la sauce épaississe. Ajouter les crevettes dans la poêle et cuire jusqu'à ce qu'elles soient bien chaudes. Sers immédiatement.

Crevettes aux légumes

pour 4 personnes

15 ml / 1 cuillère à soupe d'huile d'arachide (cacahuète)
8 oz/225 g de bouquets de brocoli
225 g/8 onces de champignons
8 oz/225 g de pousses de bambou, hachées
450 g de crevettes décortiquées
120 ml / 4 fl oz / ¬Ω tasse de bouillon de poulet

5 ml/1 cuillère à café de fécule de maïs (fécule de maïs)
5 ml/1 cuillère à café de sauce aux huîtres
2,5 ml/½ c. sucre
2,5 ml/½ c. racine de gingembre râpée
une pincée de poivre fraîchement moulu

Faire chauffer l'huile et faire sauter le brocoli pendant 1 minute. Ajouter les champignons et les pousses de bambou et faire revenir 2 minutes. Ajouter les crevettes et faire revenir 2 minutes. Mélanger les ingrédients restants et incorporer au mélange de crevettes. Porter à ébullition en remuant, puis cuire 1 minute en remuant constamment.

Crevettes aux châtaignes d'eau

pour 4 personnes

60 ml/4 cuillères à soupe d'huile d'arachide
1 gousse d'ail, hachée
1 tranche de racine de gingembre, hachée
450 g de crevettes décortiquées

2 c. à soupe/30 ml d'alcool de riz ou de xérès sec 8 oz/225 g de châtaignes d'eau, tranchées
30 ml/2 cuillères à soupe de sauce soja
15 ml/1 cuillère à soupe de fécule de maïs (maïzena)
45 ml / 3 cuillères à soupe d'eau

Faire chauffer l'huile et faire revenir l'ail et le gingembre jusqu'à ce qu'ils soient légèrement dorés. Ajouter les crevettes et faire revenir 1 minute. Ajouter le vin ou le xérès et bien mélanger. Ajouter les châtaignes d'eau et faire revenir 5 minutes. Ajouter le reste des ingrédients et faire revenir 2 minutes.

Wontons aux crevettes

pour 4 personnes

450 g / 1 lb de crevettes décortiquées, hachées
8 oz/225 g de légumes mélangés, hachés
15 ml / 1 cuillère à soupe de sauce soja
2,5 ml/¬Ω cc de sel
quelques gouttes d'huile de sésame

40 peaux de wonton
huile de cuisson

Mélanger les crevettes, les légumes, la sauce soya, le sel et l'huile de sésame.

Pour plier les wontons, tenez la peau dans la paume de votre main gauche et versez la garniture au centre. Humidifiez les bords avec de l'œuf et pliez la peau en triangle, soudez les bords. Mouiller les coins avec de l'œuf et les rouler.

Chauffez l'huile et faites frire les wontons quelques-uns à la fois jusqu'à ce qu'ils soient dorés. Bien égoutter avant de servir.

Ormeau au poulet

pour 4 personnes
400 g / 14 oz de pomme en conserve
30 ml/2 cuillères à soupe d'huile d'arachide
100 g / 4 oz de blanc de poulet, coupé en cubes
100 g / 4 oz de pousses de bambou, hachées
250 ml / 8 oz / 1 tasse de fumet de poisson

15 ml / 1 cuillère à soupe d'alcool de riz ou de xérès sec
5 ml / 1 cuillère à café de sucre
2,5 ml/¬Ω cc de sel
15 ml/1 cuillère à soupe de fécule de maïs (maïzena)
45 ml / 3 cuillères à soupe d'eau

Égouttez l'ormeau et coupez-le en tranches en réservant le jus. Faire chauffer l'huile et faire frire le poulet jusqu'à ce qu'il devienne clair. Ajouter l'ormeau et les pousses de bambou et faire revenir 1 minute. Ajouter le bouillon d'ormeaux, le bouillon, le vin ou le xérès, le sucre et le sel, porter à ébullition et laisser mijoter 2 minutes. Mélanger la fécule de maïs et l'eau dans une pâte et cuire, en remuant, jusqu'à ce que la sauce soit claire et épaissie. Sers immédiatement.

Ormeau aux asperges

pour 4 personnes

10 champignons chinois séchés
30 ml/2 cuillères à soupe d'huile d'arachide

15 ml / 1 cuillère à soupe d'eau

225 g / 8 oz d'asperges

2,5 ml/¬Ω cuillère à café de sauce de poisson

15 ml/1 cuillère à soupe de fécule de maïs (maïzena)

8 oz/225 g d'ormeaux en conserve, tranchés

60 ml / 4 cuillères à soupe de bouillon

¬Ω petites carottes, coupées en tranches

5 ml/1 cuillère à café de sauce soja

5 ml/1 cuillère à café de sauce aux huîtres

5 ml/1 cuillère à café de vin de riz ou de xérès sec

Faire tremper les champignons dans de l'eau tiède pendant 30 minutes, puis les égoutter. Jeter les tiges. Faites chauffer 15 ml/1 cuillère à soupe d'huile avec de l'eau et faites revenir les têtes de champignons pendant 10 minutes. Pendant ce temps, faire cuire les asperges dans de l'eau bouillante avec la sauce de poisson et 5 ml/1 c. fécule de maïs jusqu'à consistance lisse. Bien égoutter et déposer sur une assiette de service réchauffée avec les champignons. Gardez-les au chaud. Faire chauffer le reste de l'huile et faire frire l'ormeau quelques secondes, puis ajouter le bouillon, les carottes, la sauce soja, la sauce aux huîtres, le vin ou le sherry et la fécule de maïs restante. Cuire environ 5 minutes jusqu'à ce qu'ils soient bien cuits, puis verser sur les asperges et servir.

Abalone aux champignons

pour 4 personnes

6 champignons chinois séchés
400 g / 14 oz de pomme en conserve
45 ml / 3 cuillères à soupe d'huile d'arachide
2,5 ml/¬Ω cc de sel
15 ml / 1 cuillère à soupe d'alcool de riz ou de xérès sec
3 oignons (oignons verts), tranchés épais

Faire tremper les champignons dans de l'eau tiède pendant 30 minutes, puis les égoutter. Jetez les tiges et coupez les chapeaux. Égouttez l'ormeau et coupez-le en tranches en réservant le jus. Faire chauffer l'huile et faire revenir le sel et les champignons pendant 2 minutes. Ajouter le bouillon d'ormeaux et le xérès, porter à ébullition, couvrir et laisser mijoter 3 minutes. Ajouter l'ormeau et les oignons verts et faire sauter jusqu'à ce qu'ils soient bien chauds. Sers immédiatement.

Ormeau à la sauce aux huîtres

pour 4 personnes

400 g / 14 oz de pomme en conserve
15 ml/1 cuillère à soupe de fécule de maïs (maïzena)
15 ml / 1 cuillère à soupe de sauce soja
45 ml/3 cuillères à soupe de sauce aux huîtres
30 ml/2 cuillères à soupe d'huile d'arachide
50 g/2 oz de jambon fumé, haché

Égouttez la boîte d'ormeaux en réservant 6 cuillères à soupe/90 ml de liquide. Mélanger avec la fécule de maïs, la sauce soya et la sauce aux huîtres. Faire chauffer l'huile et faire revenir l'ormeau égoutté pendant 1 minute. Incorporer le mélange de sauce et cuire, en remuant, jusqu'à ce que le tout soit bien chaud, environ 1 minute. Transférer dans une assiette de service chaude et servir garni de jambon.

Palourdes cuites à la vapeur

pour 4 personnes

24 palourdes

Pelez soigneusement les palourdes et faites-les tremper dans de l'eau salée pendant plusieurs heures. Rincer sous l'eau courante et déposer sur une assiette creuse allant au four. Placer sur le gril dans un cuit-vapeur, couvrir et cuire à feu doux environ 10 minutes, jusqu'à ce que toutes les palourdes soient ouvertes. Jeter ceux qui restent fermés. Servir avec des sauces.

Palourdes aux germes de soja

pour 4 personnes

24 palourdes
15 ml / 1 cuillère à soupe d'huile d'arachide (cacahuète)
150 g/5 oz de germes de soja
1 poivron vert, coupé en lanières
2 oignons (oignons verts), hachés
15 ml / 1 cuillère à soupe d'alcool de riz ou de xérès sec

sel et poivre fraîchement moulu
2,5 ml/¬Ω c. huile de sésame
50 g/2 oz de jambon fumé, haché

Pelez soigneusement les palourdes et faites-les tremper dans de l'eau salée pendant plusieurs heures. Rincer sous l'eau courante. Faire bouillir une casserole d'eau, ajouter les palourdes et laisser mijoter quelques minutes jusqu'à ce qu'elles s'ouvrent. Égouttez et jetez tout ce qui n'a pas été ouvert. Retirez les palourdes de leurs coquilles.

Faire chauffer l'huile et faire revenir les germes de soja pendant 1 minute. Ajouter les poivrons et les oignons et faire revenir 2 minutes. Ajouter le vin ou le xérès et assaisonner avec du sel et du poivre. Chauffer, puis incorporer les palourdes et remuer jusqu'à ce qu'elles soient bien mélangées et bien chauffées. Transférer dans une assiette de service chaude et servir arrosé d'huile de sésame et de jambon.

Palourdes au gingembre et à l'ail

pour 4 personnes
24 palourdes
15 ml / 1 cuillère à soupe d'huile d'arachide (cacahuète)
2 tranches de racine de gingembre, hachées

2 gousses d'ail, hachées
15 ml / 1 cuillère à soupe d'eau
5 ml/1 cuillère à café d'huile de sésame
sel et poivre fraîchement moulu

Pelez soigneusement les palourdes et faites-les tremper dans de l'eau salée pendant plusieurs heures. Rincer sous l'eau courante. Faire chauffer l'huile et faire revenir le gingembre et l'ail pendant 30 secondes. Ajouter les palourdes, l'eau et l'huile de sésame, couvrir et cuire environ 5 minutes jusqu'à ce que les palourdes s'ouvrent. Jeter ceux qui restent fermés. Assaisonnez légèrement de sel et de poivre et servez immédiatement.

Palourdes mijotées

pour 4 personnes

24 palourdes
60 ml/4 cuillères à soupe d'huile d'arachide
4 gousses d'ail, hachées

1 oignon, haché

2,5 ml/¬Ω cc de sel

Pelez soigneusement les palourdes et faites-les tremper dans de l'eau salée pendant plusieurs heures. Rincer sous l'eau courante, puis sécher. Faire chauffer l'huile et faire revenir l'ail, l'oignon et le sel jusqu'à ce qu'ils soient tendres. Ajouter les palourdes, couvrir et cuire à feu doux environ 5 minutes jusqu'à ce que toutes les coquilles s'ouvrent. Jeter ceux qui restent fermés. Faire sauter doucement pendant encore 1 minute en badigeonnant d'huile.

beignets de crabe

pour 4 personnes

225 g/8 oz de germes de soja

60 ml / 4 cuillères à soupe d'huile d'arachide 100 g / 4 oz de pousses de bambou, coupées en lanières

1 oignon, haché
8 oz/225 g de chair de crabe, émiettée
4 oeufs, légèrement battus
15 ml/1 cuillère à soupe de fécule de maïs (maïzena)
30 ml/2 cuillères à soupe de sauce soja
sel et poivre fraîchement moulu

Blanchir les germes de soja dans de l'eau bouillante pendant 4 minutes, puis égoutter. Faites chauffer la moitié de l'huile et faites revenir les germes de soja, les pousses de bambou et l'oignon jusqu'à ce qu'ils soient tendres. Retirer du feu et incorporer le reste des ingrédients sauf l'huile. Chauffez le reste de l'huile dans une poêle propre et faites frire des cuillerées du mélange de chair de crabe pour faire des galettes. Cuire jusqu'à ce qu'ils soient légèrement dorés des deux côtés, puis servir immédiatement.

Crème de crabe

pour 4 personnes
225g/8oz chair de crabe
5 œufs, battus

1 oignon (échalote), haché finement
250 ml / 8 oz / 1 tasse d'eau
5 ml / 1 cuillère à café de sel
5 ml / 1 cuillère à café d'huile de sésame

Bien mélanger tous les ingrédients. Placer dans un bol, couvrir et placer dans un bain-marie sur de l'eau chaude ou sur une grille à vapeur. Laisser mijoter environ 35 minutes, en remuant de temps en temps, jusqu'à ce que la pâte ait une consistance de crème pâtissière. Servir avec du riz.

Chair de crabe aux feuilles chinoises

pour 4 personnes

450 g de feuilles chinoises hachées
45 ml / 3 cuillères à soupe d'huile végétale

2 oignons (oignons verts), hachés

225g/8oz chair de crabe

15 ml / 1 cuillère à soupe de sauce soja

15 ml / 1 cuillère à soupe d'alcool de riz ou de xérès sec

5 ml / 1 cuillère à café de sel

Blanchir les feuilles de chinois dans de l'eau bouillante pendant 2 minutes, puis les égoutter soigneusement et les rincer à l'eau froide. Faire chauffer l'huile et faire revenir les oignons jusqu'à ce qu'ils soient légèrement dorés. Ajouter la chair de crabe et faire revenir 2 minutes. Ajouter les feuilles chinoises et faire sauter pendant 4 minutes. Ajouter la sauce soja, le vin ou le xérès, saler et bien mélanger. Ajouter le bouillon et la fécule de maïs, porter à ébullition et laisser mijoter 2 minutes en remuant jusqu'à ce que la sauce soit claire et épaissie.

Crabe Foo Yung aux germes de soja

pour 4 personnes

6 oeufs, battus

45 ml/3 cuillères à soupe de semoule de maïs (fécule de maïs)

225g/8oz chair de crabe

100 g/4 oz de germes de soja

2 oignons (oignons verts), hachés finement

2,5 ml/¬Ω cc de sel

45 ml / 3 cuillères à soupe d'huile d'arachide

Battre les œufs, puis ajouter la fécule de maïs. Mélanger le reste des ingrédients sauf l'huile. Faites chauffer l'huile et versez le mélange petit à petit dans la poêle pour faire des petites crêpes d'environ 7,5 cm de diamètre. Cuire jusqu'à ce qu'ils soient dorés sur le fond, puis retourner et cuire l'autre côté.

crabe au gingembre

pour 4 personnes

15 ml / 1 cuillère à soupe d'huile d'arachide (cacahuète)

2 tranches de racine de gingembre, hachées

4 oignons (oignons verts), hachés

3 gousses d'ail, hachées

1 poivron rouge, haché

350 g/12 oz de chair de crabe, émiettée

2,5 ml/¬Ω cc de pâte de poisson

2,5 ml/¬Ω c. huile de sésame

15 ml / 1 cuillère à soupe d'alcool de riz ou de xérès sec

5 ml/1 cuillère à café de fécule de maïs (fécule de maïs)

15 ml / 1 cuillère à soupe d'eau

Faire chauffer l'huile et faire revenir le gingembre, les oignons, l'ail et le piment pendant 2 minutes. Ajouter la chair de crabe et remuer jusqu'à ce qu'elle soit bien enrobée d'épices. Ajouter la pâte de poisson. Mélanger le reste des ingrédients pour former une pâte, puis ajouter à la poêle et faire sauter pendant 1 minute. Sers immédiatement.

Crabe Lo Mein

pour 4 personnes

100 g/4 oz de germes de soja

30 ml/2 cuillères à soupe d'huile d'arachide

5 ml / 1 cuillère à café de sel

1 oignon, haché

100 g/4 oz de champignons, tranchés

8 oz/225 g de chair de crabe, émiettée

100 g / 4 oz de pousses de bambou, hachées

Pâtes au four

30 ml/2 cuillères à soupe de sauce soja

5 ml / 1 cuillère à café de sucre

5 ml/1 cuillère à café d'huile de sésame

sel et poivre fraîchement moulu

Blanchir les germes de soja dans de l'eau bouillante pendant 5 minutes, puis les égoutter. Faire chauffer l'huile et faire revenir le sel et l'oignon jusqu'à ce qu'ils soient tendres. Ajouter les champignons et faire sauter jusqu'à ce qu'ils soient tendres. Ajouter la chair de crabe et faire revenir 2 minutes. Ajouter les germes de soja et les pousses de bambou et faire revenir 1 minute. Ajouter les pâtes égouttées dans la poêle et mélanger délicatement. Mélanger la sauce soja, le sucre et l'huile de sésame, assaisonner de sel et de poivre. Remuer dans la casserole jusqu'à ce qu'elle soit chaude.

Crabes frits au porc

pour 4 personnes

30 ml/2 cuillères à soupe d'huile d'arachide
100g/4oz de porc haché (haché)
350 g/12 oz de chair de crabe, émiettée
2 tranches de racine de gingembre, hachées
2 oeufs, légèrement battus
15 ml / 1 cuillère à soupe de sauce soja
15 ml / 1 cuillère à soupe d'alcool de riz ou de xérès sec
30 ml / 2 cuillères à soupe d'eau
sel et poivre fraîchement moulu
4 oignons (oignons verts), coupés en lanières

Faire chauffer l'huile et faire frire le porc jusqu'à ce qu'il soit légèrement doré. Ajouter la chair de crabe et le gingembre et faire revenir 1 minute. Battre les œufs. Ajouter la sauce soja, le vin ou le xérès, l'eau, le sel et le poivre et faire sauter environ 4 minutes. Servir garni d'échalotes.

Chair de crabe frite

pour 4 personnes

30 ml/2 cuillères à soupe d'huile d'arachide

450 g/1 lb de chair de crabe, émiettée

2 oignons (oignons verts), hachés

2 tranches de racine de gingembre, hachées

30 ml/2 cuillères à soupe de sauce soja

30 ml/2 cuillères à soupe de vin de riz ou de xérès sec

2,5 ml/½ cc de sel

15 ml/1 cuillère à soupe de fécule de maïs (maïzena)

60 ml / 4 cuillères à soupe d'eau

Faire chauffer l'huile et faire revenir la chair de crabe, les oignons et le gingembre pendant 1 minute. Ajouter la sauce soja, le vin ou le xérès et le sel, couvrir et laisser mijoter 3 minutes. Mélanger la fécule de maïs et l'eau pour former une pâte, mélanger dans une casserole et cuire, en remuant, jusqu'à ce que la sauce soit claire et épaissie.

Boulettes de seiche frites

pour 4 personnes

450g/1lb de seiche

50 g/2 oz de saindoux, haché

1 blanc d'oeuf

2,5 ml/¬Ω c. sucre

2,5 ml/¬Ω cc de semoule de maïs (amidon de maïs)

sel et poivre fraîchement moulu

huile de cuisson

Coupez les seiches et écrasez-les ou réduisez-les en purée. Mélanger avec le bacon, le blanc d'œuf, le sucre et la fécule de maïs et assaisonner avec du sel et du poivre. Presser le mélange en petites boules. Faire chauffer l'huile et faire frire les boulettes de seiche, par lots si nécessaire, jusqu'à ce qu'elles flottent à la surface de l'huile et deviennent dorées. Bien égoutter et servir immédiatement.

Homard Cantonais

pour 4 personnes

2 homards

30 ml / 2 cuillères à soupe d'huile

15 ml / 1 cuillère à soupe de sauce aux haricots noirs

1 gousse d'ail, hachée

1 oignon, haché

225 g/8 oz de porc haché (haché)

45 ml / 3 cuillères à soupe de sauce soja

5 ml / 1 cuillère à café de sucre

sel et poivre fraîchement moulu

15 ml/1 cuillère à soupe de fécule de maïs (maïzena)

75 ml / 5 cuillères à soupe d'eau

1 oeuf, battu

Ouvrir les homards, retirer la chair et les couper en cubes de 2,5 cm. Faire chauffer l'huile et faire revenir la sauce aux haricots noirs, l'ail et l'oignon jusqu'à ce qu'ils soient légèrement dorés. Ajouter le porc et faire sauter jusqu'à ce qu'il soit doré. Ajouter la sauce soja, le sucre, le sel, le poivre et le homard, couvrir et laisser mijoter environ 10 minutes. Mélanger la fécule de maïs et l'eau pour former une pâte, ajouter à la casserole et cuire, en remuant, jusqu'à ce que la sauce soit claire et épaissie. Avant de servir, éteignez le feu et battez l'œuf.

Homard frit

pour 4 personnes

450g/1lb de chair de homard
30 ml/2 cuillères à soupe de sauce soja
5 ml / 1 cuillère à café de sucre
1 oeuf, battu
30 ml/3 cuillères à soupe de farine ordinaire (tout usage)
huile de cuisson

Couper la chair de homard en cubes de 1 pouce/2,5 cm et mélanger avec la sauce soja et le sucre. Laisser reposer 15 minutes, puis filtrer. Battre l'œuf et la farine, puis ajouter le homard et bien mélanger pour bien l'enrober. Faire chauffer l'huile et faire frire le homard jusqu'à ce qu'il soit doré. Égouttez sur du papier absorbant avant de servir.

Homard vapeur au jambon

pour 4 personnes

4 oeufs, légèrement battus
60 ml / 4 cuillères à soupe d'eau
5 ml / 1 cuillère à café de sel
15 ml / 1 cuillère à soupe de sauce soja
450 g/1 lb de chair de homard, émiettée
15 ml / 1 cuillère à soupe de jambon fumé haché
15 ml / 1 cuillère à soupe de persil frais haché

Battre les œufs avec l'eau, le sel et la sauce soja. Verser dans un bol allant au four et saupoudrer de chair de homard. Placer le bol sur le gril dans le cuiseur vapeur, couvrir et cuire 20 minutes jusqu'à ce que les œufs soient pris. Servir garni de jambon et de persil.

Homard aux champignons

pour 4 personnes

450g/1lb de chair de homard

15 ml/1 cuillère à soupe de fécule de maïs (maïzena)

60 ml / 4 cuillères à soupe d'eau

30 ml/2 cuillères à soupe d'huile d'arachide

4 oignons (oignons verts), tranchés épais

100 g/4 oz de champignons, tranchés

2,5 ml/¬Ω cc de sel

1 gousse d'ail, hachée

30 ml/2 cuillères à soupe de sauce soja

15 ml / 1 cuillère à soupe d'alcool de riz ou de xérès sec

Couper la chair de homard en cubes de 2,5 cm. Mélanger la semoule de maïs et l'eau pour former une pâte et mélanger les cubes de homard dans le mélange pour les enrober. Faire chauffer la moitié de l'huile et faire frire les cubes de homard jusqu'à ce qu'ils soient légèrement dorés. Retirez-les de la poêle. Faire chauffer le reste de l'huile et faire revenir les oignons jusqu'à ce qu'ils soient légèrement dorés. Ajouter les champignons et faire revenir 3 minutes. Ajouter le sel, l'ail, la sauce soja et le vin ou le xérès et faire sauter pendant 2 minutes.

Remettre le homard dans la poêle et laisser mijoter jusqu'à ce qu'il soit bien chaud.

Queues de homard de porc

pour 4 personnes

3 champignons chinois séchés

4 queues de homard

60 ml/4 cuillères à soupe d'huile d'arachide

100g/4oz de porc haché (haché)

2 oz/50 g de châtaignes d'eau, finement hachées

sel et poivre fraîchement moulu

2 gousses d'ail, hachées

45 ml / 3 cuillères à soupe de sauce soja

30 ml/2 cuillères à soupe de vin de riz ou de xérès sec

30 ml/2 cuillères à soupe de sauce aux haricots noirs

10 ml/2 cuillères à soupe de fécule de maïs (maïzena)

120 ml / 4 fl oz / ¬Ω tasse d'eau

Faire tremper les champignons dans de l'eau tiède pendant 30 minutes, puis les égoutter. Jetez les tiges et coupez les chapeaux. Couper les queues de homard en deux dans le sens de la longueur. Retirer la chair des queues de homard, en laissant les carapaces. Faire chauffer la moitié de l'huile et faire revenir le porc jusqu'à ce qu'il soit légèrement doré. Retirer du feu et incorporer les champignons, la chair de homard, les châtaignes d'eau, le sel et le poivre. Remettez la chair dans les carapaces de homard et placez-les sur une plaque allant au four. Placer sur le gril du cuit-vapeur, couvrir et laisser mijoter environ 20 minutes jusqu'à ce qu'il soit bien cuit. Pendant ce temps, chauffer le reste de l'huile et faire revenir l'ail, la sauce soja, le vin ou le sherry et la sauce aux haricots noirs pendant 2 minutes. Mélanger la fécule de maïs et l'eau pour former une pâte, ajouter à la casserole et laisser mijoter, en remuant, jusqu'à ce que la sauce épaississe. Déposer le homard sur un plat de service chaud,

Homard frit

pour 4 personnes

450 g/1 lb de queues de homard

30 ml/2 cuillères à soupe d'huile d'arachide

1 gousse d'ail, hachée

2,5 ml/¬Ω cc de sel

350 g/12 oz de germes de soja

50 g de champignons

4 oignons (oignons verts), tranchés épais
150 ml/¬° pt/grande ¬Ω tasse de bouillon de poulet
15 ml/1 cuillère à soupe de fécule de maïs (maïzena)

Porter une casserole d'eau à ébullition, ajouter les queues de homard et faire bouillir 1 minute. Égouttez, laissez refroidir, pelez et coupez en tranches épaisses. Faire chauffer l'huile avec l'ail et le sel et faire sauter jusqu'à ce que l'ail soit légèrement doré. Ajouter le homard et faire revenir 1 minute. Ajouter les germes de soja et les champignons et faire revenir 1 minute. Incorporer les oignons verts. Verser la majeure partie du bouillon, porter à ébullition, couvrir et laisser mijoter 3 minutes. Mélangez la fécule de maïs avec le reste du bouillon, versez-la dans la casserole et laissez mijoter, en remuant, jusqu'à ce que la sauce devienne claire et épaississe.

nids de homard

pour 4 personnes

30 ml/2 cuillères à soupe d'huile d'arachide
5 ml / 1 cuillère à café de sel
1 oignon, tranché finement
100 g/4 oz de champignons, tranchés
4 oz/100 g de pousses de bambou, hachées 8 oz/225 g de chair de homard cuite
15 ml / 1 cuillère à soupe d'alcool de riz ou de xérès sec
120 ml / 4 fl oz / ¬Ω tasse de bouillon de poulet
une pincée de poivre fraîchement moulu
10 ml / 2 cuillères à café de fécule de maïs (maïzena)
15 ml / 1 cuillère à soupe d'eau
4 paniers de pâtes

Faire chauffer l'huile et faire revenir le sel et l'oignon jusqu'à ce qu'ils soient tendres. Ajouter les champignons et les pousses de bambou et faire revenir 2 minutes. Ajouter la chair de homard, le vin ou le xérès et le bouillon, porter à ébullition, couvrir et laisser mijoter 2 minutes. Assaisonner de poivre. Mélanger la fécule de maïs et l'eau dans une pâte, ajouter à la casserole et cuire, en remuant, jusqu'à ce que la sauce épaississe. Disposer les nids de pâtes sur une assiette chaude et garnir de homard poché.

Moules à la sauce aux haricots noirs

pour 4 personnes
45 ml / 3 cuillères à soupe d'huile d'arachide
2 gousses d'ail, hachées
2 tranches de racine de gingembre, hachées
30 ml/2 cuillères à soupe de sauce aux haricots noirs
15 ml / 1 cuillère à soupe de sauce soja
1,5 kg/3 lb de moules, lavées et frites
2 oignons (oignons verts), hachés

Faire chauffer l'huile et faire revenir l'ail et le gingembre pendant 30 secondes. Ajouter la sauce aux haricots noirs et la sauce soja et faire sauter pendant 10 secondes. Ajouter les moules, couvrir et cuire environ 6 minutes jusqu'à ce que les moules s'ouvrent. Jeter ceux qui restent fermés. Transférer dans une assiette de service chaude et servir garni d'oignons.

Moules au gingembre

pour 4 personnes

45 ml / 3 cuillères à soupe d'huile d'arachide
2 gousses d'ail, hachées
4 tranches de racine de gingembre, hachées
1,5 kg/3 lb de moules, lavées et frites
45 ml / 3 cuillères à soupe d'eau
15 ml / 1 cuillère à soupe de sauce aux huîtres

Faire chauffer l'huile et faire revenir l'ail et le gingembre pendant 30 secondes. Ajouter les moules et l'eau, couvrir et cuire environ 6 minutes jusqu'à ce que les moules s'ouvrent. Jeter ceux qui restent fermés. Transférer dans une assiette de service chaude et servir arrosé de sauce aux huîtres.

moules à la vapeur

pour 4 personnes

1,5 kg/3 lb de moules, lavées et frites
45 ml / 3 cuillères à soupe de sauce soja
3 oignons (oignons verts), hachés finement

Placer les moules sur une grille dans un cuit-vapeur, couvrir et cuire dans l'eau bouillante environ 10 minutes, jusqu'à ce que toutes les moules soient ouvertes. Jeter ceux qui restent fermés. Transférer dans une assiette de service chaude et servir arrosé de sauce soja et d'oignons verts.

Huîtres frites

pour 4 personnes

24 huîtres décortiquées
sel et poivre fraîchement moulu
1 oeuf, battu
50 g/2 oz/¬Ω tasse de farine ordinaire (tout usage)
250 ml / 8 oz / 1 tasse d'eau
huile de cuisson
4 oignons (oignons verts), hachés

Assaisonnez les huîtres avec du sel et du poivre. Battre l'œuf avec la farine et l'eau jusqu'à obtenir une pâte et l'utiliser pour enrober les huîtres. Faites chauffer l'huile et faites frire les huîtres jusqu'à ce qu'elles soient dorées. Égoutter sur du papier absorbant et servir garni d'oignons.

Huîtres au bacon

pour 4 personnes

175 g / 6 oz de bacon
24 huîtres décortiquées
1 oeuf, légèrement battu
15 ml / 1 cuillère à soupe d'eau
45 ml / 3 cuillères à soupe d'huile d'arachide
2 oignons, hachés
15 ml/1 cuillère à soupe de fécule de maïs (maïzena)
15 ml / 1 cuillère à soupe de sauce soja
90 ml / 6 cuillères à soupe de bouillon de poulet

Coupez le bacon en morceaux et enroulez un morceau autour de chaque huître. Fouettez l'œuf avec l'eau, puis plongez-le dans les huîtres pour l'enrober. Faire chauffer la moitié de l'huile et faire frire les huîtres des deux côtés jusqu'à ce qu'elles soient légèrement dorées, puis les retirer de la poêle et égoutter la graisse. Faire chauffer le reste de l'huile et faire revenir les oignons jusqu'à ce qu'ils soient tendres. Mélanger la fécule de maïs, la sauce soja et le bouillon en une pâte, verser dans une casserole et cuire, en remuant, jusqu'à ce que la sauce soit claire et épaissie. Verser sur les huîtres et servir aussitôt.

Huîtres frites au gingembre

pour 4 personnes

24 huîtres décortiquées
2 tranches de racine de gingembre, hachées
30 ml/2 cuillères à soupe de sauce soja
15 ml / 1 cuillère à soupe d'alcool de riz ou de xérès sec
4 oignons (oignons verts), coupés en lanières
100 g / 4 onces de bacon
1 oeuf
50 g/2 oz/¬Ω tasse de farine ordinaire (tout usage)
sel et poivre fraîchement moulu
huile de cuisson
1 citron, coupé en tranches

Placer les huîtres dans un bol avec le gingembre, la sauce soja et le vin ou le xérès et bien mélanger pour bien les enrober. Laisser reposer 30 minutes. Déposer quelques lamelles d'oignons verts sur chaque huître. Coupez le bacon en morceaux et enroulez un morceau autour de chaque huître. Battre l'œuf et la farine jusqu'à consistance lisse et assaisonner de sel et de poivre. Tremper les huîtres dans la pâte jusqu'à ce qu'elles soient bien dorées. Faites chauffer l'huile et faites frire les huîtres jusqu'à ce qu'elles soient dorées. Servir garni de tranches de citron.

Huîtres à la sauce aux haricots noirs

pour 4 personnes

350g/12oz d'huîtres décortiquées
120 ml/4 fl oz/¬Ω tasse d'huile d'arachide (cacahuète)
2 gousses d'ail, hachées
3 oignons (oignons verts), tranchés
15 ml / 1 cuillère à soupe de sauce aux haricots noirs
30 ml/2 cuillères à soupe de sauce soja noire
15 ml/1 cuillère à soupe d'huile de sésame
une pincée de piment en poudre

Blanchir les huîtres dans l'eau bouillante pendant 30 secondes, puis les égoutter. Faire chauffer l'huile et faire revenir l'ail et les oignons pendant 30 secondes. Ajouter la sauce aux haricots noirs, la sauce soja, l'huile de sésame et les huîtres et assaisonner avec de la poudre de chili au goût. Laisser mijoter jusqu'à ce que le tout soit chaud et servir immédiatement.

Peignes aux pousses de bambou

pour 4 personnes

60 ml/4 cuillères à soupe d'huile d'arachide
6 oignons (oignons verts), hachés
8 oz/225 g de champignons, coupés en quartiers
15 ml / 1 cuillère à soupe de sucre
450g/1lb de pétoncles décortiqués
2 tranches de racine de gingembre, hachées
8 oz/225 g de pousses de bambou, hachées
sel et poivre fraîchement moulu
300 ml/¬Ω pt/1 ¬° tasses d'eau
30 ml/2 cuillères à soupe de vinaigre de vin
30 ml/2 cuillères à soupe de fécule de maïs (maïzena)
150 ml/¬° pt/grande ¬Ω tasse d'eau
45 ml / 3 cuillères à soupe de sauce soja

Faire chauffer l'huile et faire revenir les oignons et les champignons pendant 2 minutes. Ajouter le sucre, les pétoncles, le gingembre, les pousses de bambou, saler, poivrer, couvrir et cuire 5 minutes. Ajouter l'eau et le vinaigre de vin, porter à ébullition, couvrir et laisser mijoter 5 minutes. Mélanger la semoule de maïs et l'eau pour former une pâte, verser dans une casserole et cuire, en remuant, jusqu'à ce que la sauce épaississe. Assaisonner de sauce soja et servir.

Pétoncles à l'oeuf

pour 4 personnes

45 ml / 3 cuillères à soupe d'huile d'arachide
350 g/12 oz de pétoncles décortiqués
25 g/1 oz de jambon fumé, râpé
30 ml/2 cuillères à soupe de vin de riz ou de xérès sec
5 ml / 1 cuillère à café de sucre
2,5 ml/¬Ω cc de sel
une pincée de poivre fraîchement moulu
2 oeufs, légèrement battus
15 ml / 1 cuillère à soupe de sauce soja

Faire chauffer l'huile et faire revenir les pétoncles pendant 30 secondes. Ajouter le jambon et faire revenir 1 minute. Ajouter le vin ou le xérès, le sucre, le sel et le poivre et faire sauter pendant 1 minute. Ajouter les œufs et remuer doucement à feu vif jusqu'à ce que les ingrédients soient bien enrobés dans l'œuf. Servir nappé de sauce soja.

Pétoncles au brocoli

pour 4 personnes

350 g/12 oz de pétoncles, coupés en dés
3 tranches de racine de gingembre, hachées
¬Ω petites carottes, coupées en tranches
1 gousse d'ail, hachée
45 ml/3 cuillères à soupe de farine ordinaire (tout usage)
2,5 ml/¬Ω c. bicarbonate de soude (bicarbonate de soude)
30 ml/2 cuillères à soupe d'huile d'arachide
15 ml / 1 cuillère à soupe d'eau
1 banane, tranchée
huile de cuisson
275 g / 10 oz de brocoli
sel
5 ml/1 cuillère à café d'huile de sésame
2,5 ml/¬Ω cuillère à café de sauce chili
2,5 ml/¬Ω cc de vinaigre de vin
2,5 ml/¬Ω cc de purée de tomates (pâte)

Mélanger les pétoncles avec le gingembre, la carotte et l'ail et réserver. Mélanger la farine, le bicarbonate de soude, 15 ml/1 cuillère à soupe d'huile et d'eau pour former une pâte et utiliser les tranches de banane pour enrober. Faites chauffer l'huile et faites frire la banane jusqu'à ce qu'elle soit dorée, puis égouttez-la et disposez-la autour de l'assiette de service chauffée. Pendant ce temps, faites cuire le brocoli dans de l'eau bouillante salée jusqu'à ce qu'il soit tendre, puis égouttez-le. Chauffez le reste d'huile avec l'huile de sésame et faites revenir brièvement le brocoli, puis disposez-le autour de l'assiette avec les bananes. Ajouter la sauce chili, le vinaigre de vin et la purée de tomates dans la poêle et cuire les pétoncles jusqu'à ce qu'ils soient tendres. ils sont juste cuits. Versez sur un plat de service et servez immédiatement.

Saint-Jacques au gingembre

pour 4 personnes

45 ml / 3 cuillères à soupe d'huile d'arachide
2,5 ml/¬Ω cc de sel
3 tranches de racine de gingembre, hachées
2 oignons verts (oignons verts), en tranches épaisses
450 g/1 lb de pétoncles décortiqués, coupés en deux
15 ml/1 cuillère à soupe de fécule de maïs (maïzena)
60 ml / 4 cuillères à soupe d'eau

Faire chauffer l'huile et faire revenir le sel et le gingembre pendant 30 secondes. Ajouter les oignons et faire revenir jusqu'à ce qu'ils soient légèrement dorés. Ajouter les pétoncles et faire revenir 3 minutes. Mélanger la semoule de maïs et l'eau pour former une pâte, verser dans une casserole et laisser mijoter, en remuant, jusqu'à épaississement. Sers immédiatement.

Pétoncles au jambon

pour 4 personnes

450 g/1 lb de pétoncles décortiqués, coupés en deux
8 fl oz / 1 tasse de vin de riz ou de xérès sec
1 oignon, haché finement
2 tranches de racine de gingembre, hachées
2,5 ml/¬Ω cc de sel
100g/4oz jambon fumé, haché

Placer les pétoncles dans un bol et ajouter le vin ou le xérès. Couvrir et laisser mariner 30 minutes en retournant de temps en temps, puis égoutter les Saint-Jacques et jeter la marinade. Ajouter les pétoncles dans le plat allant au four avec le reste des ingrédients. Placer le plat sur le gril du cuit-vapeur, couvrir et cuire à l'eau bouillante environ 6 minutes, jusqu'à ce que les pétoncles soient tendres.

Pétoncles panés aux herbes

pour 4 personnes

225 g/8 oz de pétoncles décortiqués
30 ml/2 cuillères à soupe de coriandre fraîche hachée
4 oeufs, battus
15 ml / 1 cuillère à soupe d'alcool de riz ou de xérès sec
sel et poivre fraîchement moulu
15 ml / 1 cuillère à soupe d'huile d'arachide (cacahuète)

Ajouter les pétoncles à la vapeur et cuire à la vapeur pendant environ 3 minutes jusqu'à ce qu'ils soient bien cuits, selon leur taille. Retirer du cuit-vapeur et saupoudrer de coriandre. Fouettez les œufs avec le vin ou le xérès et assaisonnez avec du sel et du poivre au goût. Mélanger les pétoncles et la coriandre. Faire chauffer l'huile et faire cuire le mélange œufs-pétoncles en remuant constamment jusqu'à ce que les œufs soient pris. Sers immédiatement.

Pétoncles braisés et oignons

pour 4 personnes

45 ml / 3 cuillères à soupe d'huile d'arachide
1 oignon, haché
450 g/1 lb de pétoncles émiettés, coupés en quartiers
sel et poivre fraîchement moulu
15 ml / 1 cuillère à soupe d'alcool de riz ou de xérès sec

Faire chauffer l'huile et faire revenir l'oignon jusqu'à ce qu'il soit tendre. Ajouter les pétoncles et faire sauter jusqu'à ce qu'ils soient légèrement dorés. Assaisonner de sel et de poivre, arroser de vin ou de xérès et servir immédiatement.

Pétoncles aux légumes

Pour 4,Äì6

4 champignons chinois séchés

2 oignons

30 ml/2 cuillères à soupe d'huile d'arachide

3 branches de céleri, coupées en diagonale

8 oz/225 g de haricots verts, tranchés en diagonale

10 ml/2 cuillères à café de racine de gingembre râpée

1 gousse d'ail, hachée

20 ml / 4 cuillères à café de fécule de maïs (maïzena)

250 ml / 8 oz / 1 tasse de bouillon de poulet

30 ml/2 cuillères à soupe de vin de riz ou de xérès sec

30 ml/2 cuillères à soupe de sauce soja

450 g/1 lb de pétoncles émiettés, coupés en quartiers

6 oignons (oignons verts), tranchés

425 g/15 oz de maïs nain en conserve

Faire tremper les champignons dans de l'eau tiède pendant 30 minutes, puis les égoutter. Jetez les tiges et coupez les chapeaux.

Couper les oignons en tranches et séparer les couches. Faire chauffer l'huile et faire revenir les oignons, le céleri, les haricots, le gingembre et l'ail pendant 3 minutes. Mélanger la fécule de maïs avec un peu de bouillon, puis incorporer le reste du bouillon, le vin ou le sherry et la sauce soja. Ajouter au wok et porter à ébullition en remuant. Ajouter les champignons, les pétoncles, les oignons verts et le maïs et faire revenir environ 5 minutes jusqu'à ce que les pétoncles soient tendres.

Saint-Jacques au poivre

pour 4 personnes

30 ml/2 cuillères à soupe d'huile d'arachide
3 oignons (oignons verts), hachés
1 gousse d'ail, hachée
2 tranches de racine de gingembre, hachées
2 poivrons rouges, coupés en dés
450g/1lb de pétoncles décortiqués
30 ml/2 cuillères à soupe de vin de riz ou de xérès sec
15 ml / 1 cuillère à soupe de sauce soja

15 ml / 1 cuillère à soupe de sauce aux haricots jaunes
5 ml / 1 cuillère à café de sucre
5 ml/1 cuillère à café d'huile de sésame

Faire chauffer l'huile et faire revenir les oignons, l'ail et le gingembre pendant 30 secondes. Ajouter les poivrons et faire revenir 1 minute. Ajouter les pétoncles et faire sauter pendant 30 secondes, puis ajouter le reste des ingrédients et cuire environ 3 minutes, jusqu'à ce que les pétoncles soient tendres.

Calamars aux germes de soja

pour 4 personnes
450g/1lb de calmar
30 ml/2 cuillères à soupe d'huile d'arachide
15 ml / 1 cuillère à soupe d'alcool de riz ou de xérès sec
100 g/4 oz de germes de soja
15 ml / 1 cuillère à soupe de sauce soja
sel
1 poivron rouge, râpé

2 tranches de racine de gingembre râpée
2 oignons (oignons verts), hachés

Retirez la tête, la tige et la membrane du calmar et coupez-le en gros morceaux. Découpez le quadrillage sur chaque pièce. Porter une casserole d'eau à ébullition, ajouter les calmars et cuire jusqu'à ce que les morceaux soient cuits, puis retirer et égoutter. Faire chauffer la moitié de l'huile et faire revenir rapidement les calamars. Arroser de vin ou de xérès. Pendant ce temps, chauffer le reste de l'huile et faire frire les germes de soja jusqu'à ce qu'ils soient tendres. Assaisonner de sauce soja et de sel. Disposez le piment, le gingembre et les oignons autour du plat de service. Empilez les germes de soja au centre et placez les calamars dessus. Sers immédiatement.

Calamar frit

pour 4 personnes

2 oz/50 g de farine ordinaire (tout usage)
25 g/1 oz/¬° tasse de semoule de maïs (fécule de maïs)

2,5 ml/½ c. levure chimique
2,5 ml/½ cc de sel
1 oeuf
75 ml / 5 cuillères à soupe d'eau
15 ml / 1 cuillère à soupe d'huile d'arachide (cacahuète)
450 g/1 lb de calmars, coupés en dés
huile de cuisson

Fouetter ensemble la farine, la fécule de maïs, la poudre à pâte, le sel, l'œuf, l'eau et l'huile pour former une pâte. Tremper les calamars dans la pâte jusqu'à ce qu'ils soient bien dorés. Faire chauffer l'huile et faire frire les calamars quelques morceaux à la fois jusqu'à ce qu'ils soient dorés. Égouttez sur du papier absorbant avant de servir.

Paquets de calmars

pour 4 personnes
8 champignons chinois séchés
450g/1lb de calmar

100g/4oz de jambon fumé

100 g/4 oz de tofu

1 oeuf, battu

15 ml/1 cuillère à soupe de farine ordinaire (tout usage)

2,5 ml/¬Ω c. sucre

2,5 ml/¬Ω c. huile de sésame

sel et poivre fraîchement moulu

8 peaux de wonton

huile de cuisson

Faire tremper les champignons dans de l'eau tiède pendant 30 minutes, puis les égoutter. Jeter les tiges. Découpez le calamar et coupez-le en 8 parties. Couper le jambon et le tofu en 8 morceaux. Mettez-les tous dans un bol. Mélanger l'œuf avec la farine, le sucre, l'huile de sésame, le sel et le poivre. Verser sur les ingrédients dans le bol et mélanger délicatement. Disposez le chapeau de champignon et un morceau de calamars, de jambon et de tofu juste sous le centre de chaque peau de wonton. Pliez le coin inférieur, repliez les côtés, puis roulez en mouillant les bords avec de l'eau pour sceller. Faites chauffer l'huile et faites revenir les papillotes environ 8 minutes jusqu'à ce qu'elles soient dorées. Bien égoutter avant de servir.

Rouleaux de calamars frits

pour 4 personnes

45 ml / 3 cuillères à soupe d'huile d'arachide

Anneaux de calmar 225 g/8 oz

1 gros poivron vert, coupé en morceaux

100 g / 4 oz de pousses de bambou, hachées

2 oignons (oignons verts), hachés finement

1 tranche de racine de gingembre, hachée finement

45 ml / 2 cuillères à soupe de sauce soja

30 ml/2 cuillères à soupe de vin de riz ou de xérès sec

15 ml/1 cuillère à soupe de fécule de maïs (maïzena)

15 ml/1 cuillère à soupe de fumet de poisson ou d'eau

5 ml / 1 cuillère à café de sucre

5 ml/1 cuillère à café de vinaigre de vin

5 ml/1 cuillère à café d'huile de sésame

sel et poivre fraîchement moulu

Faites chauffer 15 ml/1 cuillère à soupe d'huile et faites revenir rapidement les rondelles de calmar jusqu'à ce qu'elles soient prises. Pendant ce temps, faites chauffer le reste d'huile dans une poêle à part et faites revenir les poivrons, les pousses de bambou, les oignons et le gingembre pendant 2 minutes. Ajouter les calamars et faire revenir 1 minute. Incorporer la sauce soja, le vin ou le xérès, la fécule de maïs, le bouillon, le sucre, le vinaigre de vin et l'huile de sésame, assaisonner de sel et de poivre. Laisser mijoter jusqu'à ce que la sauce devienne claire et épaississe.

Calamar frit

pour 4 personnes

45 ml / 3 cuillères à soupe d'huile d'arachide

3 oignons (oignons verts), tranchés épais

2 tranches de racine de gingembre, hachées

450 g/1 lb de calmars, coupés en morceaux

15 ml / 1 cuillère à soupe de sauce soja

15 ml / 1 cuillère à soupe d'alcool de riz ou de xérès sec
5 ml/1 cuillère à café de fécule de maïs (fécule de maïs)
15 ml / 1 cuillère à soupe d'eau

Faire chauffer l'huile et faire revenir les oignons et le gingembre jusqu'à ce qu'ils soient tendres. Ajouter les calmars et faire sauter jusqu'à ce qu'ils soient enrobés d'huile. Ajouter la sauce soja et le vin ou le sherry, couvrir et laisser mijoter 2 minutes. Mélanger la semoule de maïs et l'eau pour former une pâte, ajouter à la casserole et laisser mijoter, en remuant, jusqu'à ce que la sauce épaississe et que le calmar soit tendre.

Calamars aux champignons séchés

pour 4 personnes

50 g/2 oz de champignons chinois séchés
450g / 1lb d'anneaux de calmar
45 ml / 3 cuillères à soupe d'huile d'arachide
45 ml / 3 cuillères à soupe de sauce soja
2 oignons (oignons verts), hachés finement
1 tranche de racine de gingembre, hachée
8 oz/225 g de pousses de bambou, coupées en lanières
30 ml/2 cuillères à soupe de fécule de maïs (maïzena)
150 ml/¬° pt/grande ¬Ω tasse de fumet de poisson

Faire tremper les champignons dans de l'eau tiède pendant 30 minutes, puis les égoutter. Jetez les tiges et coupez les chapeaux. Blanchir les tranches de calmar dans de l'eau bouillante pendant quelques secondes. Faire chauffer l'huile, puis incorporer les champignons, la sauce soja, les oignons et le gingembre et faire sauter pendant 2 minutes. Ajouter les calamars et les pousses de bambou et faire revenir 2 minutes. Mélanger la fécule de maïs et le bouillon et mélanger dans une casserole. Laisser mijoter, en remuant, jusqu'à ce que la sauce se sépare et épaississe.

Calamars aux légumes

pour 4 personnes

45 ml / 3 cuillères à soupe d'huile d'arachide

1 oignon, haché

5 ml / 1 cuillère à café de sel

450 g/1 lb de calmars, coupés en morceaux

100 g / 4 oz de pousses de bambou, hachées

2 branches de céleri, coupées en diagonale

60 ml / 4 cuillères à soupe de bouillon de poulet

5 ml / 1 cuillère à café de sucre

100 g / 4 oz de pois mange-tout

5 ml / 1 cuillère à café de fécule de maïs (maïzena)

15 ml / 1 cuillère à soupe d'eau

Faire chauffer l'huile et faire revenir l'oignon et le sel jusqu'à ce qu'ils soient légèrement dorés. Ajouter les calmars et cuire jusqu'à ce qu'ils soient enrobés d'huile. Ajouter les pousses de bambou et le céleri et faire revenir 3 minutes. Ajouter le bouillon et le sucre, porter à ébullition, couvrir et laisser mijoter 3 minutes jusqu'à ce que les légumes soient tendres. Ajouter mange-tout. Mélanger la fécule de maïs et l'eau dans une pâte, ajouter à la casserole et cuire, en remuant, jusqu'à ce que la sauce épaississe.

Mijoté de boeuf à l'anis

pour 4 personnes

30 ml/2 cuillères à soupe d'huile d'arachide

450 g/1 lb de bifteck

1 gousse d'ail, hachée

45 ml / 3 cuillères à soupe de sauce soja

15 ml / 1 cuillère à soupe d'eau

15 ml / 1 cuillère à soupe d'alcool de riz ou de xérès sec

5 ml / 1 cuillère à café de sel

5 ml / 1 cuillère à café de sucre

2 gousses d'anis étoilé

Faire chauffer l'huile et faire frire le bœuf de tous les côtés jusqu'à ce qu'il soit doré. Ajouter le reste des ingrédients, porter à ébullition, couvrir et laisser mijoter doucement environ 45 minutes, puis retourner la viande et ajouter un peu d'eau et de sauce soja si la viande est sèche. Laisser mijoter encore 45 minutes jusqu'à ce que la viande soit tendre. Jeter l'anis étoilé avant de servir.

Bœuf aux asperges

pour 4 personnes
450 g/1 lb de steak, coupé en cubes
30 ml/2 cuillères à soupe de sauce soja
30 ml/2 cuillères à soupe de vin de riz ou de xérès sec
45 ml/3 cuillères à soupe de semoule de maïs (fécule de maïs)
45 ml / 3 cuillères à soupe d'huile d'arachide
5 ml / 1 cuillère à café de sel
1 gousse d'ail, hachée

350g/12oz pointes d'asperges
120 ml / 4 fl oz / ½ tasse de bouillon de poulet
15 ml / 1 cuillère à soupe de sauce soja

Placer le steak dans un bol. Mélangez la sauce soja, le vin ou le xérès et 2 cuillères à soupe/30 ml de fécule de maïs, versez sur le steak et mélangez bien. Laisser mariner 30 minutes. Chauffer l'huile avec le sel et l'ail et faire sauter jusqu'à ce que l'ail soit légèrement doré. Ajouter la viande et la marinade et faire sauter pendant 4 minutes. Ajouter les asperges et faire sauter doucement pendant 2 minutes. Verser le bouillon et la sauce soja, porter à ébullition et faire sauter 3 minutes jusqu'à ce que la viande soit cuite. Mélanger le reste de semoule de maïs avec un peu d'eau ou de bouillon et incorporer à la sauce. Laisser mijoter quelques minutes en remuant jusqu'à ce que la sauce soit claire et épaissie.

Bœuf aux pousses de bambou

pour 4 personnes

45 ml / 3 cuillères à soupe d'huile d'arachide
1 gousse d'ail, hachée
1 oignon (oignon vert), haché
1 tranche de racine de gingembre, hachée
8 oz/225 g de bœuf maigre, coupé en lanières
100 g de pousses de bambou

45 ml / 3 cuillères à soupe de sauce soja
15 ml / 1 cuillère à soupe d'alcool de riz ou de xérès sec
5 ml/1 cuillère à café de fécule de maïs (fécule de maïs)

Faire chauffer l'huile et faire revenir l'ail, l'oignon et le gingembre jusqu'à ce qu'ils soient légèrement dorés. Ajouter le bœuf et faire sauter pendant 4 minutes jusqu'à ce qu'il soit légèrement doré. Ajouter les pousses de bambou et faire revenir 3 minutes. Ajouter la sauce soya, le vin ou le xérès et la fécule de maïs et faire sauter pendant 4 minutes.

Boeuf aux pousses de bambou et champignons

pour 4 personnes

225g/8oz boeuf maigre
45 ml / 3 cuillères à soupe d'huile d'arachide
1 tranche de racine de gingembre, hachée
100 g / 4 oz de pousses de bambou, hachées
100 g/4 oz de champignons, tranchés
45 ml/3 cuillères à soupe d'alcool de riz ou de xérès sec

5 ml / 1 cuillère à café de sucre
10 ml / 2 cuillères à café de sauce soja
sel et poivre
120 ml/4 fl oz/¬Ω tasse de bouillon de bœuf
15 ml/1 cuillère à soupe de fécule de maïs (maïzena)
30 ml / 2 cuillères à soupe d'eau

Hacher finement le boeuf du grain. Faire chauffer l'huile et faire revenir le gingembre quelques secondes. Ajouter le bœuf et faire sauter jusqu'à ce qu'il soit doré. Ajouter les pousses de bambou et les champignons et faire revenir 1 minute. Ajouter le vin ou le sherry, le sucre et la sauce soja, saler et poivrer. Ajouter le bouillon, porter à ébullition, couvrir et laisser mijoter 3 minutes. Mélanger la fécule de maïs et l'eau, verser dans une casserole et laisser mijoter, en remuant, jusqu'à ce que la sauce épaississe.

Bœuf braisé à la chinoise

pour 4 personnes

45 ml / 3 cuillères à soupe d'huile d'arachide
900g/2lb steak
1 oignon (oignon vert), tranché
1 gousse d'ail, hachée
1 tranche de racine de gingembre, hachée
60 ml / 4 cuillères à soupe de sauce soja

30 ml/2 cuillères à soupe de vin de riz ou de xérès sec
5 ml / 1 cuillère à café de sucre
5 ml / 1 cuillère à café de sel
une pincée de poivre
750 ml / 1° pts / 3 tasses d'eau bouillante

Faire chauffer l'huile et saisir rapidement le bœuf de tous les côtés. Ajouter l'oignon, l'ail, le gingembre, la sauce soja, le vin ou le xérès, le sucre, le sel et le poivre. Porter à ébullition en remuant. Ajouter l'eau bouillante, porter à ébullition en remuant, puis couvrir et laisser mijoter environ 2 heures, jusqu'à ce que le boeuf soit tendre.

Bœuf aux germes de soja

pour 4 personnes
450g/1lb boeuf maigre, tranché
1 blanc d'oeuf
30 ml/2 cuillères à soupe d'huile d'arachide
15 ml/1 cuillère à soupe de fécule de maïs (maïzena)
15 ml / 1 cuillère à soupe de sauce soja
100 g/4 oz de germes de soja

25 g/1 oz de choucroute, hachée
1 poivron rouge, râpé
2 oignons (oignons verts), hachés
2 tranches de racine de gingembre râpée
sel
5 ml/1 cuillère à café de sauce aux huîtres
5 ml/1 cuillère à café d'huile de sésame

Mélanger le bœuf avec l'œuf battu, la moitié de l'huile, la fécule de maïs et la sauce soja et laisser reposer 30 minutes. Blanchir les germes de soja dans de l'eau bouillante pendant environ 8 minutes jusqu'à ce qu'ils soient presque tendres, puis égoutter. Faites chauffer le reste de l'huile et faites revenir le bœuf jusqu'à ce qu'il soit légèrement doré, puis retirez-le de la poêle. Ajouter la choucroute, le piment, le gingembre, le sel, la sauce aux huîtres et l'huile de sésame et faire sauter pendant 2 minutes. Ajouter les germes de soja et faire revenir 2 minutes. Remettre le bœuf dans la poêle et cuire jusqu'à ce qu'il soit bien mélangé et bien chaud. Sers immédiatement.

Bœuf avec brocoli

pour 4 personnes

450 g/1 lb de steak, tranché finement
30 ml/2 cuillères à soupe de fécule de maïs (maïzena)
15 ml / 1 cuillère à soupe d'alcool de riz ou de xérès sec
15 ml / 1 cuillère à soupe de sauce soja
30 ml/2 cuillères à soupe d'huile d'arachide
5 ml / 1 cuillère à café de sel
1 gousse d'ail, hachée
8 oz/225 g de bouquets de brocoli
150 ml / ¬° pt / généreuse ¬Ω tasse de bouillon de bœuf

Placer le steak dans un bol. Mélanger 15 ml/1 cuillère à soupe de fécule de maïs avec du vin ou du xérès et de la sauce soja, incorporer à la viande et laisser mariner pendant 30 minutes. Chauffer l'huile avec le sel et l'ail et faire sauter jusqu'à ce que l'ail soit légèrement doré. Ajouter le steak et la marinade et faire sauter pendant 4 minutes. Ajouter le brocoli et faire revenir 3 minutes. Ajouter le bouillon, porter à ébullition, couvrir et laisser mijoter 5 minutes jusqu'à ce que le brocoli soit tendre mais encore croquant. Mélanger le reste de fécule de maïs avec un peu d'eau et verser dans la sauce. Laisser mijoter, en remuant, jusqu'à ce que la sauce se sépare et épaississe.

Bœuf au sésame avec brocoli

pour 4 personnes

5 oz/150 g de bœuf maigre, tranché finement
2,5 ml/½ cuillère à café de sauce aux huîtres
5 ml/1 cuillère à café de fécule de maïs (fécule de maïs)
5 ml/1 cuillère à café de vinaigre de vin blanc
60 ml/4 cuillères à soupe d'huile d'arachide
100 g/4 oz de bouquets de brocoli
5 ml/1 cuillère à café de sauce de poisson
2,5 ml/½ cuillère à café de sauce soja
250 ml / 8 oz / 1 tasse de bouillon de bœuf
30 ml / 2 cuillères à soupe de graines de sésame

Faire mariner le bœuf avec la sauce aux huîtres, 2,5 ml/½ c. à thé de fécule de maïs, 2,5 ml/½ c. à thé de vinaigre de vin et 15 ml/½ c. à thé d'huile pendant 1 heure.

Pendant ce temps, chauffer 15 ml/1 cuillère à soupe d'huile, ajouter le brocoli, 2,5 ml/½ de sauce de poisson, la sauce soja et le vinaigre de vin restant et couvrir d'eau bouillante. Laisser mijoter environ 10 minutes jusqu'à tendreté.

Faites chauffer 30 ml/2 cuillères à soupe d'huile dans une poêle séparée et faites revenir brièvement le bœuf jusqu'à ce qu'il épaississe. Ajouter le bouillon, la fécule de maïs restante et la sauce de poisson, porter à ébullition, couvrir et laisser mijoter environ 10 minutes jusqu'à ce que la viande soit tendre. Égouttez le brocoli et placez-le sur une assiette de service réchauffée. Déposer la viande dessus et saupoudrer généreusement de graines de sésame.

Bœuf au barbecue

pour 4 personnes
450 g/1 lb de steak maigre, tranché
60 ml / 4 cuillères à soupe de sauce soja
2 gousses d'ail, hachées

5 ml / 1 cuillère à café de sel

2,5 ml/½ c. poivre fraîchement moulu

10 ml / 2 cuillères à café de sucre

Mélanger tous les ingrédients et laisser mariner 3 heures. Griller ou griller (gril) pendant environ 5 minutes de chaque côté.

Bœuf cantonais

pour 4 personnes

30 ml/2 cuillères à soupe de fécule de maïs (maïzena)

2 blancs d'oeufs, battus

450 g/1 lb de steak, coupé en lanières

huile de cuisson

4 branches de céleri, hachées

2 oignons, hachés
60 ml / 4 cuillères à soupe d'eau
20 ml / 4 cuillères à café de sel
75 ml / 5 cuillères à soupe de sauce soja
60 ml/4 cuillères à soupe d'alcool de riz ou de xérès sec
30 ml / 2 cuillères à soupe de sucre
poivre fraîchement moulu

Mélanger la moitié de la fécule de maïs avec les blancs d'œufs. Ajouter le steak et remuer pour enrober le boeuf dans la pâte. Faire chauffer l'huile et faire frire le steak jusqu'à ce qu'il soit doré. Retirer de la poêle et égoutter sur une serviette en papier. Faites chauffer 15 ml/1 cuillère à soupe d'huile et faites revenir le céleri et les oignons pendant 3 minutes. Ajouter la viande, l'eau, le sel, la sauce soja, le vin ou le xérès, le sucre et assaisonner de poivre. Porter à ébullition et laisser mijoter, en remuant, jusqu'à ce que la sauce épaississe.

Bœuf aux carottes

pour 4 personnes
30 ml/2 cuillères à soupe d'huile d'arachide
450g/1lb boeuf maigre, coupé en cubes
2 oignons (oignons verts), tranchés
2 gousses d'ail, hachées

1 tranche de racine de gingembre, hachée
250 ml / 8 oz / 1 tasse de sauce soya
30 ml/2 cuillères à soupe de vin de riz ou de xérès sec
30 ml/2 cuillères à soupe de cassonade
5 ml / 1 cuillère à café de sel
600ml/1pt/2Ω tasses d'eau
4 carottes, coupées en diagonale

Faire chauffer l'huile et faire frire le bœuf jusqu'à ce qu'il soit légèrement doré. Égouttez l'excès d'huile et ajoutez les oignons, l'ail, le gingembre et l'anis et faites revenir pendant 2 minutes. Ajouter la sauce soja, le vin ou le xérès, le sucre et le sel et bien mélanger. Ajouter de l'eau, porter à ébullition, couvrir et laisser mijoter 1 heure. Ajouter les carottes, couvrir et laisser mijoter encore 30 minutes. Retirer le couvercle et laisser mijoter jusqu'à ce que la sauce ait réduit.

Bœuf aux noix de cajou

pour 4 personnes

60 ml/4 cuillères à soupe d'huile d'arachide
450 g/1 lb de steak, tranché finement
8 oignons verts (oignons verts), coupés en morceaux
2 gousses d'ail, hachées
1 tranche de racine de gingembre, hachée

75 g/3 oz/¬œ tasse de noix de cajou grillées
120 ml / 4 fl oz / ¬Ω tasse d'eau
20 ml / 4 cuillères à café de fécule de maïs (maïzena)
20 ml / 4 cuillères à café de sauce soja
5 ml/1 cuillère à café d'huile de sésame
5 ml/1 cuillère à café de sauce aux huîtres
5 ml/1 cuillère à café de sauce chili

Faites chauffer la moitié de l'huile et faites revenir la viande jusqu'à ce qu'elle soit légèrement dorée. Retirer du moule. Faire chauffer le reste d'huile et faire revenir les oignons, l'ail, le gingembre et les noix de cajou pendant 1 minute. Remettre la viande dans la poêle. Mélangez le reste des ingrédients et versez le mélange dans la casserole. Porter à ébullition et cuire, en remuant, jusqu'à ce que le mélange épaississe.

Ragoût de boeuf lent

pour 4 personnes

30 ml/2 cuillères à soupe d'huile d'arachide
450g/1lb de ragoût de boeuf, coupé en cubes
3 tranches de racine de gingembre, hachées
3 carottes, tranchées
1 navet, coupé en dés
15 ml/1 cuillère à soupe de dattes noires, dénoyautées

15 ml / 1 cuillère à soupe de graines de lotus

30 ml/2 cuillères à soupe de purée de tomates (pâte)

10 ml / 2 cuillères à soupe de sel

900 ml/1 Ω pts/3 ¬ tasses de bouillon de bœuf

8 fl oz / 1 tasse de vin de riz ou de xérès sec

Dans un grand faitout ou une poêle allant au four, chauffer l'huile et saisir le bœuf de tous les côtés jusqu'à ce qu'il soit bien doré.

Bœuf au chou-fleur

pour 4 personnes

8 oz/225 g de bouquets de chou-fleur

huile de cuisson

225g/8oz boeuf, coupé en lanières

50 g de pousses de bambou, coupées en lanières

10 châtaignes d'eau, coupées en lanières

120 ml / 4 fl oz / ¬Ω tasse de bouillon de poulet

15 ml / 1 cuillère à soupe de sauce soja

15 ml / 1 cuillère à soupe de sauce aux huîtres
15 ml/1 cuillère à soupe de purée de tomates (pâte)
15 ml/1 cuillère à soupe de fécule de maïs (maïzena)
2,5 ml/¬Ω c. huile de sésame

Blanchir le chou-fleur à l'eau bouillante pendant 2 minutes, puis égoutter. Faire chauffer l'huile et faire revenir le chou-fleur jusqu'à ce qu'il soit légèrement doré. Retirer et égoutter sur du papier absorbant. Faire chauffer l'huile et faire frire le bœuf jusqu'à ce qu'il soit légèrement doré, puis le retirer et l'égoutter. Ajouter tout sauf 15 ml d'huile et faire revenir les pousses de bambou et les châtaignes d'eau pendant 2 minutes. Ajouter le reste des ingrédients, porter à ébullition et laisser mijoter, en remuant, jusqu'à ce que la sauce épaississe. Remettre le bœuf et le chou-fleur dans la poêle et réchauffer doucement. Sers immédiatement.

Bœuf au céleri

pour 4 personnes

100 g de céleri coupé en lanières
45 ml / 3 cuillères à soupe d'huile d'arachide
2 oignons (oignons verts), hachés
1 tranche de racine de gingembre, hachée
8 oz/225 g de bœuf maigre, coupé en lanières

30 ml/2 cuillères à soupe de sauce soja

30 ml/2 cuillères à soupe de vin de riz ou de xérès sec

2,5 ml/½ c. sucre

2,5 ml/½ cc de sel

Blanchir le céleri dans l'eau bouillante pendant 1 minute, puis bien égoutter. Faire chauffer l'huile et faire revenir les oignons et le gingembre jusqu'à ce qu'ils soient légèrement dorés. Ajouter le boeuf et faire revenir 4 minutes. Ajouter le céleri et faire revenir 2 minutes. Ajouter la sauce soja, le vin ou le xérès, le sucre et le sel et faire sauter pendant 3 minutes.

Emincé de boeuf, sauté au céleri

pour 4 personnes

30 ml/2 cuillères à soupe d'huile d'arachide

450 g de boeuf maigre, coupé en lanières

3 branches de céleri, râpées

1 oignon, râpé

1 oignon (oignon vert), tranché

1 tranche de racine de gingembre, hachée
30 ml/2 cuillères à soupe de sauce soja
15 ml / 1 cuillère à soupe d'alcool de riz ou de xérès sec
2,5 ml/¬Ω c. sucre
2,5 ml/¬Ω cc de sel
10 ml / 2 cuillères à café de fécule de maïs (maïzena)
30 ml / 2 cuillères à soupe d'eau

Chauffez la moitié de l'huile jusqu'à ce qu'elle soit très chaude et faites cuire le boeuf pendant 1 minute, jusqu'à ce qu'il soit juste doré. Retirer du moule. Faire chauffer le reste de l'huile et faire revenir le céleri, l'oignon, la ciboule et le gingembre jusqu'à ce qu'ils soient légèrement ramollis. Remettre le boeuf dans la casserole avec la sauce soja, le vin ou le xérès, le sucre et le sel, porter à ébullition et faire sauter jusqu'à ce qu'il soit bien chaud. Mélanger la fécule de maïs et l'eau, verser dans une casserole et laisser mijoter jusqu'à ce que la sauce épaississe. Sers immédiatement.

Bœuf au poulet et céleri

pour 4 personnes
4 champignons chinois séchés
45 ml / 3 cuillères à soupe d'huile d'arachide
2 gousses d'ail, hachées

1 racine de gingembre tranchée, hachée

5 ml / 1 cuillère à café de sel

100 g de boeuf maigre, coupé en lanières

100 g / 4 oz de poulet, coupé en lanières

2 carottes, coupées en lanières

2 branches de céleri, coupées en lanières

4 oignons (oignons verts), coupés en lanières

5 ml / 1 cuillère à café de sucre

5 ml/1 cuillère à café de sauce soja

5 ml/1 cuillère à café de vin de riz ou de xérès sec

45 ml / 3 cuillères à soupe d'eau

5 ml/1 cuillère à café de fécule de maïs (fécule de maïs)

Faire tremper les champignons dans de l'eau tiède pendant 30 minutes, puis les égoutter. Jetez les tiges et coupez les chapeaux. Faire chauffer l'huile et faire revenir l'ail, le gingembre et le sel jusqu'à ce qu'ils soient légèrement dorés. Ajouter le boeuf et le poulet et cuire jusqu'à ce qu'ils soient dorés. Ajouter le céleri, les oignons, le sucre, la sauce soja, le vin ou le xérès et l'eau et porter à ébullition. Couvrir et laisser mijoter environ 15 minutes jusqu'à ce que la viande soit tendre. Mélangez la fécule de maïs avec un peu d'eau, versez-la dans la sauce et faites cuire, en remuant, jusqu'à ce que la sauce épaississe.

boeuf chili

pour 4 personnes

450 g/1 lb de steak, coupé en lanières
45 ml / 3 cuillères à soupe de sauce soja
15 ml / 1 cuillère à soupe d'alcool de riz ou de xérès sec
15 ml / 1 cuillère à soupe de cassonade
15 ml/1 cuillère à soupe de racine de gingembre finement hachée
30 ml/2 cuillères à soupe d'huile d'arachide
50 g de pousses de bambou, coupées avec des allumettes
1 oignon, coupé en lanières
1 branche de céleri, coupée en allumettes
2 piments rouges, dénoyautés et coupés en lanières
120 ml / 4 fl oz / ¬Ω tasse de bouillon de poulet
15 ml/1 cuillère à soupe de fécule de maïs (maïzena)

Placer le steak dans un bol. Mélanger la sauce soja, le vin ou le sherry, le sucre et le gingembre et incorporer au steak. Laisser mariner 1 heure. Retirer le steak de la marinade. Faites chauffer la moitié de l'huile et faites revenir les pousses de bambou, l'oignon, le céleri et le piment pendant 3 minutes, puis retirez-les de la poêle. Faites chauffer le reste d'huile et faites revenir le steak pendant 3 minutes. Incorporer la marinade, porter à ébullition et ajouter les légumes cuits. Cuire, en remuant, pendant 2 minutes. Mélanger le bouillon et la fécule de maïs ensemble et verser dans la casserole. Porter à ébullition et laisser mijoter, en remuant, jusqu'à ce que la sauce soit claire et épaissie.

Bœuf au chou de Pékin

pour 4 personnes

225g/8oz boeuf maigre

30 ml/2 cuillères à soupe d'huile d'arachide

350 g/12 oz de chou chinois, râpé

120 ml/4 fl oz/½ tasse de bouillon de bœuf

sel et poivre fraîchement moulu

10 ml / 2 cuillères à café de fécule de maïs (maïzena)

30 ml / 2 cuillères à soupe d'eau

Hacher finement le boeuf du grain. Faire chauffer l'huile et faire frire le boeuf jusqu'à ce qu'il soit juste doré. Ajouter le chou chinois et faire sauter jusqu'à ce qu'il soit légèrement ramolli. Verser le bouillon, porter à ébullition et assaisonner de sel et de poivre. Couvrir et laisser mijoter 4 minutes jusqu'à ce que le bœuf soit tendre. Mélanger la fécule de maïs et l'eau, verser dans une casserole et laisser mijoter, en remuant, jusqu'à ce que la sauce épaississe.

Boeuf Chop Suey

pour 4 personnes

3 branches de céleri, hachées

100 g/4 oz de germes de soja

100 g/4 oz de bouquets de brocoli
60 ml/4 cuillères à soupe d'huile d'arachide
3 oignons (oignons verts), hachés
2 gousses d'ail, hachées
1 tranche de racine de gingembre, hachée
8 oz/225 g de bœuf maigre, coupé en lanières
45 ml / 3 cuillères à soupe de sauce soja
15 ml / 1 cuillère à soupe d'alcool de riz ou de xérès sec
5 ml / 1 cuillère à café de sel
2,5 ml/¬Ω c. sucre
poivre fraîchement moulu
15 ml/1 cuillère à soupe de fécule de maïs (maïzena)

Blanchir le céleri, les germes de soja et le brocoli dans l'eau bouillante pendant 2 minutes, puis égoutter et égoutter. Faites chauffer 45 ml/3 cuillères à soupe d'huile et faites revenir les oignons, l'ail et le gingembre jusqu'à ce qu'ils soient légèrement dorés. Ajouter le boeuf et faire revenir 4 minutes. Retirer du moule. Faire chauffer le reste d'huile et faire revenir les légumes pendant 3 minutes. Ajouter le bœuf, la sauce soja, le vin ou le xérès, le sel, le sucre et une pincée de poivre et faire sauter pendant 2 minutes. Mélangez la fécule de maïs avec un peu d'eau, versez-la dans une casserole et laissez mijoter, en remuant, jusqu'à ce que la sauce devienne claire et épaississe.

Bœuf au concombre

pour 4 personnes

450 g/1 lb de steak, tranché finement
45 ml / 3 cuillères à soupe de sauce soja
30 ml/2 cuillères à soupe de fécule de maïs (maïzena)
60 ml/4 cuillères à soupe d'huile d'arachide
2 concombres, pelés, évidés et tranchés
60 ml / 4 cuillères à soupe de bouillon de poulet
30 ml/2 cuillères à soupe de vin de riz ou de xérès sec
sel et poivre fraîchement moulu

Placer le steak dans un bol. Mélanger la sauce soja et la fécule de maïs et incorporer au steak. Laisser mariner 30 minutes. Faites chauffer la moitié de l'huile et faites revenir les concombres pendant 3 minutes jusqu'à ce qu'ils soient opaques, puis retirez-les de la poêle. Faites chauffer le reste de l'huile et faites frire le steak jusqu'à ce qu'il soit doré. Ajouter les concombres et faire revenir 2 minutes. Ajouter le bouillon, le vin ou le xérès et assaisonner de sel et de poivre. Porter à ébullition, couvrir et laisser mijoter 3 minutes.

Chow mein au boeuf

pour 4 personnes

750 g / 1 ¬Ω lb de bifteck

2 oignons

45 ml / 3 cuillères à soupe de sauce soja

45 ml/3 cuillères à soupe d'alcool de riz ou de xérès sec

15 ml / 1 cuillère à soupe de beurre de cacahuète

5 ml/1 cuillère à café de jus de citron

350 g/12 oz de pâtes aux œufs

60 ml/4 cuillères à soupe d'huile d'arachide

6 fl oz/¬œ tasse/175 ml de bouillon de poulet

15 ml/1 cuillère à soupe de fécule de maïs (maïzena)

30 ml/2 cuillères à soupe de sauce aux huîtres

4 oignons (oignons verts), hachés

3 branches de céleri, hachées

100 g/4 oz de champignons, tranchés

1 poivron vert, coupé en lanières
100 g/4 oz de germes de soja

Retirez et jetez le gras de la viande. Couper contre le grain en fines tranches. Couper les oignons en tranches et séparer les couches. Mélangez 15 ml / 1 cuillère à soupe de sauce soja avec 15 ml / 1 cuillère à soupe de vin ou de sherry, du beurre de cacahuète et du jus de citron. Ajouter la viande, couvrir et laisser reposer 1 heure. Cuire les pâtes dans l'eau bouillante pendant environ 5 minutes ou jusqu'à ce qu'elles soient tendres. Bien égoutter. Faites chauffer 15 ml/1 cuillère à soupe d'huile, ajoutez 15 ml/1 cuillère à soupe de sauce soja et les nouilles et faites sauter pendant 2 minutes jusqu'à ce qu'elles soient légèrement dorées. Transférer dans un plat de service réchauffé.

Mélanger le reste de la sauce soja et du vin ou du xérès avec le bouillon, la fécule de maïs et la sauce aux huîtres. Faites chauffer 15 ml/1 cuillère à soupe d'huile et faites revenir les oignons pendant 1 minute. Ajouter le céleri, les champignons, le poivron et les germes de soja et faire sauter pendant 2 minutes. Retirer du wok. Faire chauffer l'huile restante et faire revenir le bœuf jusqu'à ce qu'il soit doré. Verser le mélange de bouillon, porter à ébullition, couvrir et laisser mijoter 3 minutes. Remettre les légumes dans le wok et faire sauter pendant environ 4 minutes jusqu'à ce qu'ils soient bien chauds. Verser le mélange sur les pâtes et servir.

steak de concombre

pour 4 personnes
450 g/1 lb de bifteck
10 ml / 2 cuillères à café de fécule de maïs (maïzena)
10 ml / 2 cuillères à café de sel
2,5 ml/¬Ω c. poivre fraîchement moulu
90 ml / 6 cuillères à soupe d'huile d'arachide
1 oignon, haché finement
1 concombre, pelé et coupé
120 ml/4 fl oz/¬Ω tasse de bouillon de bœuf

Couper le steak en lanières puis en fines tranches dans le sens du grain. Placer dans un bol et incorporer la fécule de maïs, le sel, le poivre et la moitié de l'huile. Laisser mariner 30 minutes. Faire chauffer le reste de l'huile et faire revenir le bœuf et l'oignon jusqu'à ce qu'ils soient légèrement dorés. Ajouter les concombres et le bouillon, porter à ébullition, couvrir et laisser mijoter 5 minutes.

Curry de rôti de boeuf

pour 4 personnes

45 ml / 3 cuillères à soupe de beurre
15 ml/1 cuillère à soupe de curry en poudre
45 ml/3 cuillères à soupe de farine ordinaire (tout usage)
13 fl oz/375 ml 1 Ω tasses de lait
15 ml / 1 cuillère à soupe de sauce soja
sel et poivre fraîchement moulu
450g/1lb boeuf cuit, haché
100 g de petits pois
2 carottes, hachées
2 oignons, hachés
8 oz/225 g de riz à grains longs cuit, chaud
1 œuf dur, haché

Faire fondre le beurre, incorporer le curry en poudre et la farine et cuire 1 minute. Ajouter le lait et la sauce soja, porter à ébullition et laisser mijoter 2 minutes en remuant. Assaisonnez avec du sel et du poivre. Ajouter le bœuf, les pois, les carottes et les oignons et bien mélanger pour bien enrober de sauce. Incorporer le riz, puis transférer le mélange dans un plat allant au four et cuire au four thermostaté à 200 ¬∞C/400 ¬∞F/6 pendant 20 minutes, jusqu'à ce que les légumes soient tendres. Servir garni de tranches d'oeuf dur.

Ormeau mariné

pour 4 personnes

450g/1lb bar étamé

45 ml / 3 cuillères à soupe de sauce soja

30 ml/2 cuillères à soupe de vinaigre de vin

5 ml / 1 cuillère à café de sucre

quelques gouttes d'huile de sésame

Égouttez l'ormeau et émincez-le finement ou coupez-le en lanières. Mélangez le reste des ingrédients, versez sur le poisson et mélangez bien. Couvrir et réfrigérer pendant 1 heure.

Pousses de bambou cuites

pour 4 personnes

60 ml/4 cuillères à soupe d'huile d'arachide

8 oz/225 g de pousses de bambou, coupées en lanières

60 ml / 4 cuillères à soupe de bouillon de poulet

15 ml / 1 cuillère à soupe de sauce soja

5 ml / 1 cuillère à café de sucre

5 ml/1 cuillère à café de vin de riz ou de xérès sec

Faire chauffer l'huile et faire frire les pousses de bambou pendant 3 minutes. Mélanger le bouillon, la sauce soja, le sucre et le vin ou le xérès et verser dans la casserole. Couvrir et laisser mijoter 20 minutes. Laisser refroidir et refroidir avant de servir.

Poulet au concombre

pour 4 personnes

1 concombre, pelé et évidé

8 oz/225 g de poulet cuit, déchiré en morceaux

5 ml/1 cuillère à café de poudre de moutarde

2,5 ml/¬Ω cc de sel

30 ml/2 cuillères à soupe de vinaigre de vin

Coupez le concombre en lanières et placez-le sur une assiette de service plate. Y déposer le poulet. Mélanger la moutarde, le sel et le vinaigre de vin et verser sur le poulet juste avant de servir.

Poulet au sésame

pour 4 personnes

350 g / 12 oz de poulet cuit

120 ml / 4 fl oz / ¬Ω tasse d'eau

5 ml/1 cuillère à café de poudre de moutarde

15 ml / 1 cuillère à soupe de graines de sésame

2,5 ml/¬Ω cc de sel

une pincée de sucre

45 ml/3 cuillères à soupe de coriandre fraîche hachée

5 oignons (oignons verts), hachés

¬Ω laitue, râpée

Déchirez le poulet en fines lanières. Ajouter suffisamment d'eau à la moutarde pour faire une pâte lisse et incorporer au poulet. Faites griller les graines de sésame dans une poêle à sec jusqu'à ce qu'elles soient légèrement grillées, puis ajoutez-les au poulet et saupoudrez de sel et de sucre. Ajouter la moitié du persil et des oignons verts et bien mélanger. Disposer la salade sur une assiette de service, garnir du mélange de poulet et garnir avec le persil restant.

Litchis au gingembre

pour 4 personnes

1 grosse pastèque, coupée en deux et dénoyautée
450 g/1 lb de litchis en conserve, égouttés
2 pouces/5 cm de gingembre en tige, tranché
quelques feuilles de menthe

Garnir les moitiés de melon de litchi et de gingembre, décorer de feuilles de menthe. Réfrigérer avant de servir.

Ailes de poulet cuites rouges

pour 4 personnes

8 ailes de poulet
2 oignons (oignons verts), hachés
75 ml / 5 cuillères à soupe de sauce soja
120 ml / 4 fl oz / ¬Ω tasse d'eau
30 ml/2 cuillères à soupe de cassonade

Coupez et jetez les pointes osseuses des ailes de poulet et coupez-les en deux. Ajouter dans une casserole avec le reste des ingrédients, porter à ébullition, couvrir et laisser mijoter 30 minutes. Retirer le couvercle et laisser mijoter encore 15 minutes en fouettant fréquemment. Laisser refroidir, puis réfrigérer avant de servir.

Chair de crabe au concombre

pour 4 personnes

100 g / 4 oz de chair de crabe, émiettée

2 concombres, pelés et râpés

1 tranche de racine de gingembre, hachée

15 ml / 1 cuillère à soupe de sauce soja

30 ml/2 cuillères à soupe de vinaigre de vin

5 ml / 1 cuillère à café de sucre

quelques gouttes d'huile de sésame

Mettre la chair de crabe et les concombres dans un bol. Mélanger le reste des ingrédients, verser sur le mélange de chair de crabe et bien mélanger. Couvrir et réfrigérer 30 minutes avant de servir.

Champignons marinés

pour 4 personnes

225 g/8 onces de champignons
30 ml/2 cuillères à soupe de sauce soja
15 ml / 1 cuillère à soupe d'alcool de riz ou de xérès sec
une pincée de sel
quelques gouttes de sauce tabasco
quelques gouttes d'huile de sésame

Blanchir les champignons à l'eau bouillante pendant 2 minutes, puis les égoutter et les éponger. Mettre dans un bol et verser sur le reste des ingrédients. Bien mélanger et laisser refroidir avant de servir.

Champignons à l'ail marinés

pour 4 personnes

225 g/8 onces de champignons
3 gousses d'ail, hachées
30 ml/2 cuillères à soupe de sauce soja
30 ml/2 cuillères à soupe de vin de riz ou de xérès sec
15 ml/1 cuillère à soupe d'huile de sésame
une pincée de sel

Mettez les champignons et l'ail dans une passoire, versez de l'eau bouillante dessus et laissez reposer 3 minutes. Égouttez et séchez soigneusement. Mélangez le reste des ingrédients, versez la marinade sur les champignons et laissez mariner 1 heure.

Crevettes et chou-fleur

pour 4 personnes

8 oz/225 g de bouquets de chou-fleur

100 g / 4 oz de crevettes décortiquées

15 ml / 1 cuillère à soupe de sauce soja

5 ml/1 cuillère à café d'huile de sésame

Cuire le chou-fleur pendant environ 5 minutes, jusqu'à ce qu'il soit tendre mais encore croustillant. Mélanger avec les crevettes, saupoudrer de sauce soja et d'huile de sésame et mélanger. Réfrigérer avant de servir.

Bâtonnets de jambon au sésame

pour 4 personnes

225 g / 8 oz de jambon coupé en lanières
10 ml / 2 cuillères à café de sauce soja
2,5 ml/¬Ω c. huile de sésame

Dresser le jambon sur une assiette de service. Mélanger la sauce soja et l'huile de sésame, saupoudrer sur le jambon et servir.

Tofu froid

pour 4 personnes

450 g/1 lb de tofu, coupé en dés
45 ml / 3 cuillères à soupe de sauce soja
45 ml / 3 cuillères à soupe d'huile d'arachide
poivre fraîchement moulu

Placer le tofu, quelques tranches à la fois, dans une passoire et plonger dans l'eau bouillante pendant 40 secondes, puis égoutter et placer sur une assiette de service. Laisser refroidir. Mélanger la sauce soja et l'huile, saupoudrer sur le tofu et servir saupoudré de poivre.

Poulet au bacon

pour 4 personnes

8 oz/225 g de poulet, tranché très finement
75 ml / 5 cuillères à soupe de sauce soja
15 ml / 1 cuillère à soupe d'alcool de riz ou de xérès sec
1 gousse d'ail, hachée
15 ml / 1 cuillère à soupe de cassonade
5 ml / 1 cuillère à café de sel
5 ml/1 cuillère à café de racine de gingembre broyée
8 oz/225 g de bacon maigre, coupé en dés
100 g de châtaignes d'eau, tranchées très finement
30 ml / 2 cuillères à soupe de miel

Mettre le poulet dans un bol. 45 ml/3 c. mélanger la sauce soja avec le vin ou le xérès, l'ail, le sucre, le sel et le gingembre, verser sur le poulet et laisser mariner environ 3 heures. Enfiler le poulet, les lardons et les châtaignes sur les brochettes de kebab. Mélangez le reste de sauce soja avec le miel et badigeonnez les brochettes. Faire griller (rôtir) sous un gril chaud pendant environ 10 minutes jusqu'à ce qu'il soit bien cuit, en le retournant fréquemment et en le badigeonnant de glaçage pendant la cuisson.

Frites de poulet et banane

pour 4 personnes
2 poitrines de poulet bouillies
2 bananes dures
6 tranches de pain
4 œufs
120 ml/4 fl oz/¬Ω tasse de lait
50 g/2 oz/¬Ω tasse de farine ordinaire (tout usage)
225 g/8 oz/4 tasses de chapelure fraîche
huile de cuisson

Couper le poulet en 24 morceaux. Pelez les bananes et coupez-les en quartiers dans le sens de la longueur. Coupez chaque quart en trois pour obtenir 24 morceaux. Retirez la croûte du pain et coupez-le en quartiers. Fouettez les œufs et le lait ensemble et badigeonnez un côté du pain. Déposer un morceau de poulet et un morceau de banane sur la face enrobée d'oeuf de chaque tranche de pain. Saupoudrer légèrement les carrés de farine, puis les tremper dans l'œuf et les enrober de chapelure. Tremper à nouveau dans l'œuf et la chapelure. Faites chauffer l'huile et faites frire quelques carrés jusqu'à ce qu'ils soient dorés. Égouttez sur du papier absorbant avant de servir.

Poulet au gingembre et champignons

pour 4 personnes

225 g/8 oz de filet de poitrine de poulet

5 ml/1 cuillère à café de cinq épices en poudre

15 ml/1 cuillère à soupe de farine ordinaire (tout usage)

120 ml/4 fl oz/¬Ω tasse d'huile d'arachide (cacahuète)

4 échalotes, coupées en deux

1 gousse d'ail, hachée

1 tranche de racine de gingembre, hachée

25 g/1 oz/¬° tasse de noix de cajou

5 ml / 1 cuillère à café de miel

15 ml / 1 cuillère à soupe de farine de riz

75 ml/5 cuillères à soupe d'alcool de riz ou de xérès sec

100 g/4 oz de champignons, coupés en quartiers

2,5 ml/¬Ω c. curcuma

6 poivrons jaunes, coupés en deux

5 ml/1 cuillère à café de sauce soja

¬Ω jus de citron vert

sel et poivre

4 feuilles de laitue croquantes

Couper la poitrine de poulet en diagonale contre le grain en fines lanières. Saupoudrer de cinq épices en poudre et saupoudrer légèrement de farine. Faites chauffer 15 ml/1 cuillère à soupe d'huile et faites revenir le poulet jusqu'à ce qu'il soit doré. Retirer du moule. Faites chauffer de l'huile et faites revenir les échalotes, l'ail, le gingembre et les noix de cajou pendant 1 minute. Ajouter le miel et remuer jusqu'à ce que les légumes soient enrobés. Saupoudrer de farine, puis incorporer le vin ou le xérès. Ajouter les champignons, le curcuma et le poivre et cuire 1 minute. Ajouter le poulet, la sauce soja, le jus d'un demi-citron vert, le sel, le poivre et bien réchauffer. Retirer de la poêle et garder au chaud. Faire chauffer un peu plus d'huile, ajouter les feuilles de laitue et faire sauter rapidement, assaisonnées de sel et de poivre et du jus de citron vert restant.

Poulet et jambon

pour 4 personnes

8 oz/225 g de poulet, tranché très finement
75 ml / 5 cuillères à soupe de sauce soja
15 ml / 1 cuillère à soupe d'alcool de riz ou de xérès sec
15 ml / 1 cuillère à soupe de cassonade
5 ml/1 cuillère à café de racine de gingembre broyée
1 gousse d'ail, hachée
8 oz/225 g de jambon cuit, coupé en dés
30 ml / 2 cuillères à soupe de miel

Placer le poulet dans un bol avec 45 ml/3 cuillères à soupe de sauce soja, du vin ou du sherry, du sucre, du gingembre et de l'ail. Laisser mariner 3 heures. Enfiler le poulet et le jambon sur les brochettes de kebab. Mélangez le reste de sauce soja avec le miel et badigeonnez les brochettes. Cuire sous le gril chaud pendant environ 10 minutes, en retournant souvent et en badigeonnant avec le glaçage.

Foies de volaille grillés

pour 4 personnes

450g/1lb de foies de poulet
45 ml / 3 cuillères à soupe de sauce soja
15 ml / 1 cuillère à soupe d'alcool de riz ou de xérès sec
15 ml / 1 cuillère à soupe de cassonade
5 ml / 1 cuillère à café de sel
5 ml/1 cuillère à café de racine de gingembre broyée
1 gousse d'ail, hachée

Cuire les foies de volaille dans l'eau bouillante pendant 2 minutes, puis bien les égoutter. Mettre dans un bol avec tous les ingrédients restants sauf l'huile et laisser mariner environ 3 heures. Enfiler les foies de poulet sur les brochettes de kebab et faire griller environ 8 minutes jusqu'à ce qu'ils soient dorés.

Boulettes de crabe à la châtaigne d'eau

pour 4 personnes

450 g/1 lb de chair de crabe, hachée

100 g/4 oz de châtaignes d'eau, hachées

1 gousse d'ail, hachée

1 cm/½ racine de gingembre tranchée, hachée

45 ml/3 cuillères à soupe de semoule de maïs (fécule de maïs)

30 ml/2 cuillères à soupe de sauce soja

15 ml / 1 cuillère à soupe d'alcool de riz ou de xérès sec

5 ml / 1 cuillère à café de sel

5 ml / 1 cuillère à café de sucre

3 oeufs, battus

huile de cuisson

Mélanger tous les ingrédients sauf l'huile et former des petites boules. Faire chauffer l'huile et faire frire les boulettes de crabe jusqu'à ce qu'elles soient dorées. Bien égoutter avant de servir.

dim sum

pour 4 personnes

100 g/4 oz de crevettes décortiquées, hachées

225 g/8 oz de porc maigre, haché finement

2 oz/50 g de chou chinois, haché finement

3 oignons (oignons verts), hachés

1 oeuf, battu

30 ml/2 cuillères à soupe de fécule de maïs (maïzena)

10 ml / 2 cuillères à café de sauce soja

5 ml/1 cuillère à café d'huile de sésame

5 ml/1 cuillère à café de sauce aux huîtres

24 peaux de wonton

huile de cuisson

Mélanger les crevettes, le porc, le chou et les oignons verts. Incorporer l'œuf, la fécule de maïs, la sauce soya, l'huile de sésame et la sauce aux huîtres. Placer des cuillerées du mélange au centre de chaque peau de wonton. Appuyez doucement sur les rouleaux autour de la garniture, en pinçant les bords mais en laissant le dessus ouvert. Faites chauffer l'huile et faites frire les dim sums quelques uns à la fois jusqu'à ce qu'ils soient dorés. Bien égoutter et servir chaud.

Rouleaux de jambon et de poulet

pour 4 personnes

2 poitrines de poulet

1 gousse d'ail, hachée

2,5 ml/¬Ω cc de sel

2,5 ml/¬Ω c. cinq épices en poudre

4 tranches de jambon cuit

1 oeuf, battu

30 ml / 2 cuillères à soupe de lait

1 oz / ¬° tasse / 25 g de farine ordinaire (tout usage)

4 peaux de rouleaux de printemps

huile de cuisson

Couper la poitrine de poulet en deux. Ecrasez-les jusqu'à ce qu'ils soient très fins. Mélanger l'ail, le sel et la poudre de cinq épices et saupoudrer sur le poulet. Déposer un morceau de jambon sur chaque morceau de poulet et rouler serré. Mélanger l'œuf et le lait. Fariner légèrement les morceaux de poulet, puis les tremper dans le mélange d'œufs. Placez chaque morceau sur la peau affectée et badigeonnez les bords avec un œuf battu. Pliez les côtés, puis roulez en pinçant les bords pour sceller. Faire chauffer l'huile et faire frire les rouleaux pendant environ 5 minutes jusqu'à ce qu'ils soient dorés

brun et bien fait. Égoutter sur une serviette en papier, puis couper en tranches épaisses en diagonale et servir.

Chaussons au jambon cuit

pour 4 personnes

350 g/12 oz/3 tasses de farine ordinaire (tout usage)
6 oz / ¬œ tasse / 175 g de beurre
120 ml / 4 fl oz / ¬Ω tasse d'eau
8 oz/225 g de jambon, râpé
100 g/4 oz de pousses de bambou, hachées
2 oignons (oignons verts), hachés
15 ml / 1 cuillère à soupe de sauce soja
30 ml / 2 cuillères à soupe de graines de sésame

Mettez la farine dans un bol et frottez-la avec le beurre. Mélanger dans l'eau pour former une pâte. Étaler la pâte et découper des cercles de 5 cm/2. Mélangez tous les ingrédients restants sauf les graines de sésame et déposez une cuillerée sur le dessus de chaque cercle. Badigeonner les bords de la pâte avec de l'eau et sceller. Badigeonner l'extérieur d'eau et saupoudrer de graines de sésame. Cuire dans un four préchauffé à 180°C/350°F/thermostat 4 pendant 30 minutes.

Poisson pseudo-fumé

pour 4 personnes

1 loup de mer

3 tranches de racine de gingembre, hachées

1 gousse d'ail, hachée

1 oignon (oignon vert), tranché épais

75 ml / 5 cuillères à soupe de sauce soja

30 ml/2 cuillères à soupe de vin de riz ou de xérès sec

2,5 ml/¬Ω c. anis moulu

2,5 ml/¬Ω c. huile de sésame

10 ml / 2 cuillères à café de sucre

120 ml/4 fl oz/¬Ω tasse de bouillon

huile de cuisson

5 ml/1 cuillère à café de fécule de maïs (fécule de maïs)

Parez le poisson et coupez-le en tranches de 5 mm dans le sens des fibres. Mélanger le gingembre, l'ail, l'oignon, 60 ml/4 cuillères à soupe de sauce soja, le xérès, l'anis et l'huile de sésame. Verser sur le poisson et mélanger délicatement. Laisser reposer 2 heures en retournant de temps en temps.

Verser la marinade dans une casserole et égoutter le poisson sur du papier absorbant. Ajouter le sucre, le bouillon et la sauce soja restante

marinade, porter à ébullition et laisser mijoter 1 minute. Si la sauce doit être épaissie, mélanger la fécule de maïs avec un peu d'eau froide, verser dans la sauce et laisser mijoter, en remuant, jusqu'à ce que la sauce épaississe.

Pendant ce temps, faites chauffer l'huile et faites frire le poisson jusqu'à ce qu'il soit doré. Bien égoutter. Tremper les morceaux de poisson dans la marinade, puis les déposer sur une assiette de service chauffée. Servir chaud ou froid.

champignons farcis

pour 4 personnes

12 gros chapeaux de champignons séchés
225g/8oz chair de crabe
3 châtaignes d'eau, hachées
2 oignons (oignons verts), hachés finement
1 blanc d'oeuf
15 ml/1 cuillère à soupe de fécule de maïs (maïzena)
15 ml / 1 cuillère à soupe de sauce soja
15 ml / 1 cuillère à soupe d'alcool de riz ou de xérès sec

Faire tremper les champignons dans de l'eau tiède pendant une nuit. Presser pour sécher. Mélanger le reste des ingrédients et utiliser pour remplir les têtes de champignons. Placer sur le gril vapeur et braiser pendant 40 minutes. Servir chaud.

Champignons à la sauce d'huître

pour 4 personnes

10 champignons chinois séchés
250 ml / 8 oz / 1 tasse de bouillon de bœuf
15 ml/1 cuillère à soupe de fécule de maïs (maïzena)
30 ml/2 cuillères à soupe de sauce aux huîtres
5 ml/1 cuillère à café de vin de riz ou de xérès sec

Faire tremper les champignons dans de l'eau tiède pendant 30 minutes, puis les égoutter en réservant 1 tasse/250 ml du liquide de trempage. Jeter les tiges. Mélanger 60 ml / 4 cuillères à soupe de bouillon de bœuf avec la semoule de maïs pour former une pâte. Porter à ébullition le reste du bouillon de bœuf avec les champignons et le jus de champignons, couvrir et laisser mijoter 20 minutes. Retirez les champignons du liquide à l'aide d'une écumoire et placez-les sur une assiette de service chaude. Ajouter la sauce aux huîtres et le xérès dans la poêle et laisser mijoter 2 minutes en remuant. Ajouter la pâte de fécule de maïs et laisser mijoter, en remuant, jusqu'à ce que la sauce épaississe. Verser sur les champignons et servir aussitôt.

Rouleaux de porc et salade

pour 4 personnes

4 champignons chinois séchés

15 ml / 1 cuillère à soupe d'huile d'arachide (cacahuète)

8 oz/225 g de porc maigre, haché

100 g/4 oz de pousses de bambou, hachées

100 g/4 oz de châtaignes d'eau, hachées

4 oignons (oignons verts), hachés

6 oz/175 g de chair de crabe, émiettée

30 ml/2 cuillères à soupe de vin de riz ou de xérès sec

15 ml / 1 cuillère à soupe de sauce soja

10 ml / 2 cuillères à café de sauce aux huîtres

10 ml / 2 cuillères à café d'huile de sésame

9 feuilles chinoises

Faire tremper les champignons dans de l'eau tiède pendant 30 minutes, puis les égoutter. Jetez les tiges et coupez les chapeaux. Faites chauffer l'huile et faites revenir le porc pendant 5 minutes. Ajouter les champignons, les pousses de bambou, les châtaignes d'eau, les oignons et la chair de crabe et faire revenir 2 minutes. Mélanger le vin ou le xérès, la sauce soja, la sauce aux huîtres et l'huile de sésame et remuer dans la poêle. Retirer du feu. Pendant ce temps, blanchir les feuilles chinoises dans de l'eau bouillante pendant 1 minute

pour drainer Placer des cuillerées du mélange de porc au centre de chaque feuille, replier les côtés, puis rouler et servir.

Boulettes de porc et châtaignes

pour 4 personnes

450g/1lb de porc haché (haché)
2 oz/50 g de champignons, hachés finement
2 oz/50 g de châtaignes d'eau, finement hachées
1 gousse d'ail, hachée
1 oeuf, battu
30 ml/2 cuillères à soupe de sauce soja
15 ml / 1 cuillère à soupe d'alcool de riz ou de xérès sec
5 ml/1 cuillère à café de racine de gingembre broyée
5 ml / 1 cuillère à café de sucre
sel
30 ml/2 cuillères à soupe de fécule de maïs (maïzena)
huile de cuisson

Mélanger tous les ingrédients sauf la fécule de maïs et former des petites boules. Rouler dans la fécule de maïs. Faire chauffer l'huile et faire frire les boulettes de viande pendant environ 10 minutes jusqu'à ce qu'elles soient dorées. Bien égoutter avant de servir.

Dumplings au porc

Pour 4 à 6

450 g de farine ordinaire (tout usage)
500 ml / 17 oz / 2 tasses d'eau
450g / 1lb de porc cuit, haché
8 oz/225 g de crevettes décortiquées, hachées
4 branches de céleri, hachées
15 ml / 1 cuillère à soupe de sauce soja
15 ml / 1 cuillère à soupe d'alcool de riz ou de xérès sec
15 ml/1 cuillère à soupe d'huile de sésame
5 ml / 1 cuillère à café de sel
2 oignons (oignons verts), hachés finement
2 gousses d'ail, hachées
1 tranche de racine de gingembre, hachée

Mélanger la farine et l'eau pour obtenir une pâte molle et bien pétrir. Couvrir et laisser reposer 10 minutes. Étalez la pâte le plus fin possible et découpez des cercles de 5 cm/2. Mélanger tous les ingrédients restants. Déposer des cuillerées du mélange sur chaque cercle, humidifier les bords et refermer par un demi-cercle. Faire bouillir une casserole d'eau, puis déposer délicatement les boulettes de viande dans l'eau.

Steaks de porc et de veau

pour 4 personnes

100g/4oz de porc haché (haché)
100g/4oz de veau haché (effiloché)
1 tranche de bacon haché (moulu)
15 ml / 1 cuillère à soupe de sauce soja
sel et poivre
1 oeuf, battu
30 ml/2 cuillères à soupe de fécule de maïs (maïzena)
huile de cuisson

Mélanger la viande hachée et le bacon, assaisonner de sel et de poivre. Mélanger avec l'œuf, former des boules de la taille d'une noix et saupoudrer de fécule de maïs. Faire chauffer l'huile et faire frire jusqu'à coloration dorée. Bien égoutter avant de servir.

Crevette papillon

pour 4 personnes

450 g de grosses crevettes décortiquées
15 ml / 1 cuillère à soupe de sauce soja
5 ml/1 cuillère à café de vin de riz ou de xérès sec
5 ml/1 cuillère à café de racine de gingembre broyée
2,5 ml/¬Ω cc de sel
2 œufs, battus
30 ml/2 cuillères à soupe de fécule de maïs (maïzena)
15 ml/1 cuillère à soupe de farine ordinaire (tout usage)
huile de cuisson

Coupez les crevettes en deux et étalez-les pour former une forme de papillon. Mélanger la sauce soja, le vin ou le xérès, le gingembre et le sel. Verser sur les crevettes et laisser mariner 30 minutes. Retirer de la marinade et égoutter. Battre l'œuf avec la fécule de maïs et la farine jusqu'à obtenir une pâte et tremper les crevettes dans la pâte. Faites chauffer l'huile et faites revenir les crevettes jusqu'à ce qu'elles soient dorées. Bien égoutter avant de servir.

crevettes chinoises

pour 4 personnes

450 g de crevettes non décortiquées
30 ml / 2 cuillères à soupe de sauce Worcestershire
15 ml / 1 cuillère à soupe de sauce soja
15 ml / 1 cuillère à soupe d'alcool de riz ou de xérès sec
15 ml / 1 cuillère à soupe de cassonade

Mettre les crevettes dans un bol. Mélanger le reste des ingrédients, verser sur les crevettes et laisser mariner 30 minutes. Transférer dans un plat allant au four et cuire au four préchauffé à 150°C/300°F/thermostat 2 pendant 25 minutes. Servir chaud ou froid dans des coquilles pour que les convives puissent cuisiner les leurs.

Craquelins aux crevettes

pour 4 personnes

100 g/4 oz de craquelins aux crevettes
huile de cuisson

Faire chauffer l'huile jusqu'à ce qu'elle soit très chaude. Ajouter une poignée de craquelins de crevettes à la fois et faire frire pendant quelques secondes jusqu'à ce qu'ils soient gonflés. Retirer de l'huile et égoutter les craquelins sur du papier absorbant tout en poursuivant la cuisson.

Crevettes croustillantes

pour 4 personnes

450 g de crevettes tigrées décortiquées
15 ml / 1 cuillère à soupe d'alcool de riz ou de xérès sec
10 ml / 2 cuillères à café de sauce soja
5 ml/1 cuillère à café de cinq épices en poudre
sel et poivre
90 ml/6 cuillères à soupe de semoule de maïs (fécule de maïs)
2 œufs, battus
100g/4oz de chapelure
huile d'arachide pour la friture

Mélanger les crevettes avec du vin ou du sherry, de la sauce soja et de la poudre de cinq épices et assaisonner avec du sel et du poivre. Roulez-les dans la fécule de maïs, puis enrobez-les d'œuf battu et de chapelure. Faire frire dans l'huile chaude pendant quelques minutes jusqu'à ce qu'ils soient légèrement dorés, puis égoutter et servir immédiatement.

Gambas sauce gingembre

pour 4 personnes

15 ml / 1 cuillère à soupe de sauce soja
5 ml/1 cuillère à café de vin de riz ou de xérès sec
5 ml/1 cuillère à café d'huile de sésame
450 g de crevettes décortiquées
30 ml/2 cuillères à soupe de persil frais haché
15 ml / 1 cuillère à soupe de vinaigre de vin
5 ml/1 cuillère à café de racine de gingembre broyée

Mélanger la sauce soja, le vin ou le xérès et l'huile de sésame. Verser sur les crevettes, couvrir et laisser mariner 30 minutes. Faites frire les crevettes quelques minutes jusqu'à ce qu'elles soient cuites, en les enrobant de la marinade. Pendant ce temps, mélanger le persil, le vinaigre de vin et le gingembre pour servir avec les crevettes.

Rouleaux de crevettes et de pâtes

pour 4 personnes

2 oz/50 g de nouilles aux œufs, brisées en morceaux

15 ml / 1 cuillère à soupe d'huile d'arachide (cacahuète)

50 g/2 oz de porc maigre, haché finement

100 g / 4 oz de champignons, hachés

3 oignons (oignons verts), hachés

100 g/4 oz de crevettes décortiquées, hachées

15 ml / 1 cuillère à soupe d'alcool de riz ou de xérès sec

sel et poivre

24 peaux de wonton

1 oeuf, battu

huile de cuisson

Cuire les pâtes dans l'eau bouillante pendant 5 minutes, puis les égoutter et les hacher. Faites chauffer l'huile et faites revenir le porc pendant 4 minutes. Ajouter les champignons et les oignons et faire sauter pendant 2 minutes, puis retirer du feu. Mélanger les crevettes, le vin ou le xérès et les pâtes et assaisonner avec du sel et du poivre au goût. Placer des cuillerées du mélange au centre de chaque peau de wonton et badigeonner les bords d'œuf battu. Repliez les bords, puis enroulez les emballages en scellant les bords. Faire chauffer l'huile et faire frire les rouleaux

après environ 5 minutes jusqu'à coloration dorée. Égouttez sur du papier absorbant avant de servir.

Toast aux Crevettes

pour 4 personnes

2 œufs 450 g/1 lb de crevettes, hachées
15 ml/1 cuillère à soupe de fécule de maïs (maïzena)
1 oignon, haché finement
30 ml/2 cuillères à soupe de sauce soja
15 ml / 1 cuillère à soupe d'alcool de riz ou de xérès sec
5 ml / 1 cuillère à café de sel
5 ml/1 cuillère à café de racine de gingembre broyée
8 tranches de pain, coupées en triangles
huile de cuisson

Mélanger 1 œuf avec tous les ingrédients restants sauf le pain et l'huile. Verser le mélange sur les triangles de pain et presser en forme de dôme. Badigeonner avec l'œuf restant. Faites chauffer environ 5 cm d'huile et faites revenir les triangles de pain jusqu'à ce qu'ils soient dorés. Bien égoutter avant de servir.

Wontons au porc et aux crevettes avec sauce aigre-douce

pour 4 personnes

120 ml / 4 fl oz / ¬Ω tasse d'eau
60 ml/4 cuillères à soupe de vinaigre de vin
60 ml/4 cuillères à soupe de cassonade
30 ml/2 cuillères à soupe de purée de tomates (pâte)
10 ml / 2 cuillères à café de fécule de maïs (maïzena)
25 g/1 oz de champignons, hachés
25 g/1 oz de crevettes décortiquées, hachées
2 oz/50 g de porc maigre, haché
2 oignons (oignons verts), hachés
5 ml/1 cuillère à café de sauce soja
2,5 ml/¬Ω c. racine de gingembre râpée
1 gousse d'ail, hachée
24 peaux de wonton
huile de cuisson

Mélanger l'eau, le vinaigre de vin, le sucre, la purée de tomates et la fécule de maïs dans une petite casserole. Porter à ébullition en fouettant constamment, puis laisser mijoter 1 minute. Retirer du feu et réserver au chaud.

Mélanger les champignons, les crevettes, le porc, les oignons, la sauce soya, le gingembre et l'ail. Placer des cuillerées de farce sur chaque peau, badigeonner les bords d'eau et presser pour sceller. Chauffez l'huile et faites frire les wontons quelques-uns à la fois jusqu'à ce qu'ils soient dorés. Égoutter sur du papier absorbant et servir chaud avec une sauce aigre-douce.

bouillon de poulet

Donne 2 pintes / 3½ pintes / 8½ tasses

2 lb/1,5 kg d'os de poulet cuits ou crus

450g/1lb d'os de porc

1 cm / ½ morceau de racine de gingembre

3 oignons (oignons verts), tranchés

1 gousse d'ail, hachée

5 ml / 1 cuillère à café de sel

2,25 litres / 4 pintes / 10 tasses d'eau

Porter à ébullition tous les ingrédients, couvrir et laisser mijoter 15 minutes. Retirer tout le gras. Couvrir et laisser mijoter 1h30. Filtrer, refroidir et écumer. Congeler en petites quantités ou réfrigérer et utiliser dans les 2 jours.

Soupe aux germes de soja et au porc

pour 4 personnes
450g/1lb de porc en dés
2½ pintes/6 tasses/1,5 L de bouillon de poulet
5 tranches de racine de gingembre
350 g/12 oz de germes de soja
15 ml / 1 cuillère à soupe de sel

Blanchir le porc dans l'eau bouillante pendant 10 minutes, puis égoutter. Faire bouillir le bouillon et ajouter le porc et le gingembre. Couvrir et laisser mijoter 50 minutes. Ajouter les germes de soja, saler et laisser mijoter 20 minutes.

Soupe d'ormeaux et de champignons

pour 4 personnes

60 ml/4 cuillères à soupe d'huile d'arachide
100 g de porc maigre coupé en lanières
8 oz/225 g de pommes en conserve, coupées en lanières
100 g/4 oz de champignons, tranchés
2 branches de céleri, hachées
50 g/2 oz de jambon, coupé en lanières
2 oignons, hachés
2½ points. / 6 tasses / 1,5 l d'eau
30 ml/2 cuillères à soupe de vinaigre de vin
45 ml / 3 cuillères à soupe de sauce soja
2 tranches de racine de gingembre, hachées
sel et poivre fraîchement moulu
15 ml/1 cuillère à soupe de fécule de maïs (maïzena)
45 ml / 3 cuillères à soupe d'eau

Faire chauffer l'huile et faire revenir le porc, l'ormeau, les champignons, le céleri, le jambon et les oignons pendant 8 minutes. Ajouter l'eau et le vinaigre de vin, porter à ébullition, couvrir et laisser mijoter 20 minutes. Ajouter la sauce soja, le gingembre, le sel et le poivre. Mélanger la fécule de maïs en une pâte avec

d'eau, incorporer à la soupe et laisser mijoter pendant 5 minutes, en remuant, jusqu'à ce que la soupe soit claire et épaissie.

Soupe au poulet et aux asperges

pour 4 personnes

100 g / 4 oz de poulet, effiloché

2 blancs d'œufs

2,5 ml / ½ cuillère à café de sel

30 ml/2 cuillères à soupe de fécule de maïs (maïzena)

8 oz/225 g d'asperges, coupées en morceaux de 2 pouces/5 cm

100 g/4 oz de germes de soja

2½ pintes/6 tasses/1,5 L de bouillon de poulet

100g/4oz de champignons

Mélanger le poulet avec les blancs d'œufs, le sel et la fécule de maïs et laisser reposer 30 minutes. Cuire le poulet dans l'eau bouillante pendant environ 10 minutes jusqu'à ce qu'il soit bien cuit, puis bien égoutter. Blanchir les asperges à l'eau bouillante pendant 2 minutes, puis les égoutter. Blanchir les germes de soja dans de l'eau bouillante pendant 3 minutes, puis égoutter. Verser le bouillon dans une grande casserole et ajouter le poulet, les asperges, les champignons et les germes de soja. Porter à ébullition et assaisonner avec du sel au goût. Faire revenir quelques minutes pour libérer les saveurs et jusqu'à ce que les légumes soient tendres mais encore croquants.

soupe de boeuf

pour 4 personnes

225g/8oz boeuf haché (haché)
15 ml / 1 cuillère à soupe de sauce soja
15 ml / 1 cuillère à soupe d'alcool de riz ou de xérès sec
15 ml/1 cuillère à soupe de fécule de maïs (maïzena)
2 pièces. / 5 tasses / 1,2 l de bouillon de poulet
5 ml/1 cuillère à café de sauce aux haricots chili
sel et poivre
2 œufs, battus
6 oignons (oignons verts), hachés

Mélanger le bœuf avec la sauce soja, le vin ou le xérès et la fécule de maïs. Ajouter au bouillon et porter lentement à ébullition en remuant. Ajouter la sauce aux haricots rouges et assaisonner avec du sel et du poivre au goût, couvrir et laisser mijoter environ 10 minutes, en remuant de temps en temps. Battre les œufs et servir parsemé d'oignons.

Soupe de boeuf et feuilles chinoises

pour 4 personnes

200g/7oz boeuf maigre, coupé en lanières
15 ml / 1 cuillère à soupe de sauce soja
15 ml / 1 cuillère à soupe d'huile d'arachide (cacahuète)
2½ c. à thé/1,5 L/6 tasses de bouillon de bœuf
5 ml / 1 cuillère à café de sel
2,5 ml / ½ cuillère à café de sucre
½ tête de feuilles chinoises, coupées en morceaux

Mélanger le bœuf avec la sauce soja et l'huile et laisser mariner pendant 30 minutes en remuant de temps en temps. Faire bouillir le bouillon avec le sel et le sucre, ajouter les feuilles chinoises et laisser mijoter environ 10 minutes jusqu'à ce qu'elles soient presque cuites. Ajouter le bœuf et laisser mijoter encore 5 minutes.

Soupe aux choux

pour 4 personnes

60 ml/4 cuillères à soupe d'huile d'arachide

2 oignons, hachés

100 g de porc maigre coupé en lanières

8 oz/225 g de chou chinois, râpé

10 ml / 2 cuillères à café de sucre

2 pièces. / 5 tasses / 1,2 l de bouillon de poulet

45 ml / 3 cuillères à soupe de sauce soja

sel et poivre

15 ml/1 cuillère à soupe de fécule de maïs (maïzena)

Faire chauffer l'huile et faire revenir les oignons et le porc jusqu'à ce qu'ils soient légèrement dorés. Ajouter le chou et le sucre et faire sauter pendant 5 minutes. Ajouter le bouillon et la sauce soja et assaisonner avec du sel et du poivre au goût. Porter à ébullition, couvrir et laisser mijoter doucement pendant 20 minutes. Mélanger la fécule de maïs avec un peu d'eau, ajouter à la soupe et laisser mijoter, en remuant, jusqu'à ce que la soupe épaississe et devienne claire.

Soupe de boeuf épicée

pour 4 personnes

45 ml / 3 cuillères à soupe d'huile d'arachide

1 gousse d'ail, hachée

5 ml / 1 cuillère à café de sel

225g/8oz boeuf haché (haché)

6 oignons (oignons verts), coupés en lanières

1 poivron rouge, coupé en lanières

1 poivron vert, coupé en lanières

225 g / 8 oz de chou frisé, râpé

1¾ tasses / 1 L / 4¼ tasses de bouillon de boeuf

30 ml/2 cuillères à soupe de sauce aux prunes

30 ml/2 cuillères à soupe de sauce hoisin

45 ml / 3 cuillères à soupe de sauce soja

2 morceaux de tige de gingembre, hachés

2 oeufs

5 ml/1 cuillère à café d'huile de sésame

225 g/8 oz de pâtes claires, trempées

Faire chauffer l'huile et faire revenir l'ail et le sel jusqu'à ce qu'ils soient légèrement dorés. Ajouter le bœuf et cuire rapidement. Ajouter les légumes et faire sauter jusqu'à ce qu'ils soient translucides. Ajouter le bouillon, la sauce aux prunes, la sauce hoisin, 2/30 ml

cuillère de sauce soja et gingembre, faire bouillir et laisser mijoter pendant 10 minutes. Fouetter les œufs avec l'huile de sésame et le reste de sauce soja. Ajouter à la soupe avec les nouilles et cuire, en remuant, jusqu'à ce que les œufs soient mousseux et que les nouilles soient tendres.

soupe céleste

pour 4 personnes

2 oignons (oignons verts), hachés
1 gousse d'ail, hachée
30 ml/2 cuillères à soupe de persil frais haché
5 ml / 1 cuillère à café de sel
15 ml / 1 cuillère à soupe d'huile d'arachide (cacahuète)
30 ml/2 cuillères à soupe de sauce soja
2½ points. / 6 tasses / 1,5 l d'eau

Mélanger les oignons, l'ail, le persil, le sel, l'huile et la sauce soja. Faire bouillir l'eau, verser le mélange d'oignons dessus et laisser reposer pendant 3 minutes.

Soupe au poulet et pousses de bambou

pour 4 personnes

2 cuisses de poulet
30 ml/2 cuillères à soupe d'huile d'arachide
5 ml/1 cuillère à café de vin de riz ou de xérès sec
2½ pintes/6 tasses/1,5 L de bouillon de poulet
3 oignons, coupés en tranches
100 g de pousses de bambou, coupées en morceaux
5 ml/1 cuillère à café de racine de gingembre broyée
sel

Désosser le poulet et couper la chair en morceaux. Faire chauffer l'huile et faire frire le poulet de tous les côtés jusqu'à ce qu'il soit doré. Ajouter le bouillon, les oignons, les pousses de bambou et le gingembre, porter à ébullition et laisser mijoter environ 20 minutes jusqu'à ce que le poulet soit tendre. Assaisonner au goût avec du sel avant de servir.

Soupe au poulet et maïs

pour 4 personnes

1¾ tasses / 1 L / 4¼ tasses de bouillon de poulet
100 g / 4 oz de poulet coupé en dés
200g/7oz de maïs doux en crème
une tranche de jambon haché
œufs, battus
15 ml / 1 cuillère à soupe d'alcool de riz ou de xérès sec

Porter à ébullition le bouillon et le poulet, couvrir et laisser mijoter 15 minutes. Ajouter le maïs et le jambon, couvrir et laisser mijoter 5 minutes. Incorporer les œufs et le sherry en remuant lentement avec un bâton pour que les œufs forment des chapelets. Retirer du feu, couvrir et laisser reposer 3 minutes avant de servir.

Soupe au poulet et au gingembre

pour 4 personnes

4 champignons chinois séchés
2½ pts/6 tasses/1,5 L d'eau ou de bouillon de poulet
225 g / 8 oz de viande de poulet, en cubes
10 tranches de racine de gingembre
5 ml/1 cuillère à café de vin de riz ou de xérès sec
sel

Faire tremper les champignons dans de l'eau tiède pendant 30 minutes, puis les égoutter. Jeter les tiges. Porter à ébullition l'eau ou le bouillon avec le reste des ingrédients et laisser mijoter doucement environ 20 minutes jusqu'à ce que le poulet soit bien cuit.

Soupe de poulet aux champignons chinois

pour 4 personnes
25 g/1 oz de champignons chinois séchés
100 g / 4 oz de poulet, effiloché
2 oz/50 g de pousses de bambou, hachées
30 ml/2 cuillères à soupe de sauce soja
30 ml/2 cuillères à soupe de vin de riz ou de xérès sec
2 pièces. / 5 tasses / 1,2 l de bouillon de poulet

Faire tremper les champignons dans de l'eau tiède pendant 30 minutes, puis les égoutter. Jetez les tiges et coupez les chapeaux. Blanchir les champignons, le poulet et les pousses de bambou dans de l'eau bouillante pendant 30 secondes, puis égoutter. Placez-les dans un bol et incorporez la sauce soja et le vin ou le xérès. Laisser mariner 1 heure. Porter le bouillon à ébullition, ajouter le mélange de poulet et la marinade. Bien mélanger et laisser mijoter quelques minutes jusqu'à ce que le poulet soit cuit.

Soupe au poulet et au riz

pour 4 personnes

1¾ tasses / 1 L / 4¼ tasses de bouillon de poulet

225 g/8 oz/1 tasse de riz à grains longs cuit

100 g / 4 oz de poulet cuit, coupé en lanières

1 oignon, coupé en quatre

5 ml/1 cuillère à café de sauce soja

Chauffez doucement tous les ingrédients jusqu'à ce qu'ils soient chauds, sans laisser bouillir la soupe.

Soupe au poulet et à la noix de coco

pour 4 personnes

350 g/12 oz de blanc de poulet

sel

10 ml / 2 cuillères à café de fécule de maïs (maïzena)

30 ml/2 cuillères à soupe d'huile d'arachide

1 piment vert, haché

1¾ points. / 4¼ tasses de lait de coco

5 ml/1 cuillère à café de zeste de citron râpé

12 litchis

une pincée de muscade râpée

sel et poivre fraîchement moulu

2 feuilles de mélisse

Couper la poitrine de poulet en diagonale contre le grain en lanières. Saupoudrer de sel et saupoudrer de fécule de maïs. Faites chauffer 2 cuillères à café/10 ml d'huile dans un wok, remuez et versez. Répète encore. Faire chauffer le reste de l'huile et faire revenir le poulet et les poivrons pendant 1 minute. Ajouter le lait de coco et porter à ébullition. Ajouter le zeste de citron et laisser mijoter 5 minutes. Ajouter les litchis, assaisonner de muscade, sel et poivre et servir garni de mélisse.

Chaudrée de palourdes

pour 4 personnes

2 champignons chinois séchés
12 palourdes, trempées et frottées
2½ pintes/6 tasses/1,5 L de bouillon de poulet
2 oz/50 g de pousses de bambou, hachées
2 oz/50 g de pois mange-tout, coupés en deux
2 oignons (oignons verts), tranchés
15 ml / 1 cuillère à soupe d'alcool de riz ou de xérès sec
une pincée de poivre fraîchement moulu

Faire tremper les champignons dans de l'eau tiède pendant 30 minutes, puis les égoutter. Jetez les tiges et coupez les chapeaux en deux. Faites cuire les palourdes à la vapeur environ 5 minutes jusqu'à ce qu'elles s'ouvrent; jetez ceux qui restent fermés. Retirez les palourdes de leurs coquilles. Faire bouillir le bouillon et ajouter les champignons, les pousses de bambou, les mange-tout et les oignons. Laisser mijoter à découvert pendant 2 minutes. Ajouter les palourdes, le vin ou le xérès et le poivre et laisser mijoter jusqu'à ce que le tout soit bien chaud.

soupe aux oeufs

pour 4 personnes

2 pièces. / 5 tasses / 1,2 l de bouillon de poulet
3 oeufs, battus
45 ml / 3 cuillères à soupe de sauce soja
sel et poivre fraîchement moulu
4 oignons (oignons verts), tranchés

Faire bouillir le bouillon. Incorporer progressivement les œufs battus en fouettant pour les séparer en filaments. Incorporer la sauce soja et assaisonner avec du sel et du poivre au goût. Servir garni d'échalotes.

Soupe de crabe et pétoncles

pour 4 personnes

4 champignons chinois séchés

15 ml / 1 cuillère à soupe d'huile d'arachide (cacahuète)

1 oeuf, battu

2½ pintes/6 tasses/1,5 L de bouillon de poulet

6 oz/175 g de chair de crabe, émiettée

100 g/4 oz de pétoncles émiettés, tranchés

100 g / 4 oz de pousses de bambou, hachées

2 oignons (oignons verts), hachés

1 tranche de racine de gingembre, hachée

quelques crevettes cuites décortiquées (facultatif)

45 ml/3 cuillères à soupe de semoule de maïs (fécule de maïs)

90 ml / 6 cuillères à soupe d'eau

30 ml/2 cuillères à soupe de vin de riz ou de xérès sec

20 ml / 4 cuillères à café de sauce soja

2 blancs d'œufs

Faire tremper les champignons dans de l'eau tiède pendant 30 minutes, puis les égoutter. Jeter les tiges et trancher finement les chapeaux. Faites chauffer l'huile, ajoutez l'œuf et inclinez la poêle pour que l'œuf recouvre le fond. Cuire jusqu'à retourner et faire cuire l'autre côté. Retirer du moule, rouler et couper en fines lanières.

Porter le bouillon à ébullition, ajouter les champignons, les lanières d'œuf, la chair de crabe, les pétoncles, les pousses de bambou, les oignons verts, le gingembre et les crevettes si désiré. Faire bouillir à nouveau. Mélanger la fécule de maïs avec 60 ml/4 cuillères à soupe d'eau, de vin ou de xérès et de sauce soja et incorporer à la soupe. Laisser mijoter, en remuant, jusqu'à ce que la soupe épaississe. Battre les blancs d'œufs avec le reste de l'eau et verser lentement le mélange dans la soupe en remuant vigoureusement.

soupe de crabe

pour 4 personnes

90 ml / 6 cuillères à soupe d'huile d'arachide
3 oignons, hachés
225 g/8 oz chair de crabe blanc et brun
1 tranche de racine de gingembre, hachée
2 pièces. / 5 tasses / 1,2 l de bouillon de poulet
¼ pt/150 ml/tasse de vin de riz ou xérès sec
45 ml / 3 cuillères à soupe de sauce soja
sel et poivre fraîchement moulu

Faire chauffer l'huile et faire revenir les oignons jusqu'à ce qu'ils soient tendres mais non dorés. Ajouter la chair de crabe et le gingembre et faire sauter pendant 5 minutes. Ajouter le bouillon, le vin ou le xérès et la sauce soja, saler et poivrer. Porter à ébullition, puis laisser mijoter 5 minutes.

Poisson

pour 4 personnes

225 g/8 oz de filet de poisson
1 tranche de racine de gingembre, hachée
15 ml / 1 cuillère à soupe d'alcool de riz ou de xérès sec
30 ml/2 cuillères à soupe d'huile d'arachide
2½ cuillères à café/1,5 l/6 verres de fumet de poisson

Couper le poisson en fines lanières dans le sens du grain. Mélangez le gingembre, le vin ou le xérès et l'huile, ajoutez le poisson et mélangez délicatement. Laisser mariner 30 minutes en retournant de temps en temps. Porter le bouillon à ébullition, ajouter le poisson et laisser mijoter doucement pendant 3 minutes.

Soupe de poisson et salade

pour 4 personnes

225 g/8 oz de filet de poisson blanc
30 ml/2 cuillères à soupe de farine ordinaire (tout usage)
sel et poivre fraîchement moulu
90 ml / 6 cuillères à soupe d'huile d'arachide
6 oignons (oignons verts), tranchés
100g / 4oz laitue, râpée
2 points / 5 tasses / 1,2 litre d'eau
10 ml/2 cuillères à café de racine de gingembre finement hachée
150 ml / ¼ pt / généreux ½ tasse de vin de riz ou de xérès sec
30 ml/2 cuillères à soupe de fécule de maïs (maïzena)
30 ml/2 cuillères à soupe de persil frais haché
10 ml / 2 cuillères à café de jus de citron
30 ml/2 cuillères à soupe de sauce soja

Couper le poisson en fines lanières, puis mélanger avec de la farine assaisonnée. Faire chauffer l'huile et faire revenir les oignons jusqu'à ce qu'ils soient tendres. Ajouter la salade et faire revenir 2 minutes. Ajouter le poisson et cuire 4 minutes. Ajouter l'eau, le gingembre et le vin ou le xérès, porter à ébullition, couvrir et laisser mijoter 5 minutes. Mélanger la fécule de maïs avec un peu d'eau et ajouter à la soupe. Laisser mijoter encore 4 minutes, en remuant, jusqu'à ce qu'ils soient bien cuits

égoutter, puis assaisonner de sel et de poivre. Servir saupoudré de persil, de jus de citron et de sauce soja.

Soupe au gingembre avec boulettes

pour 4 personnes

5 cm / 2 morceaux de racine de gingembre, râpé

350 g/12 oz de cassonade

2½ points. / 1,5 l / 7 tasses d'eau

225 g / 8 oz / 2 tasses de farine de riz

2,5 ml / ½ cuillère à café de sel

60 ml / 4 cuillères à soupe d'eau

Mettre le gingembre, le sucre et l'eau dans une casserole et porter à ébullition en remuant. Couvrir et laisser mijoter environ 20 minutes. Filtrez la soupe et remettez-la dans la casserole.

Pendant ce temps, mettez la farine et le sel dans un bol et pétrissez peu à peu assez d'eau pour faire une pâte épaisse. Rouler en petites boules et déposer dans la soupe. Porter à nouveau la soupe à ébullition, couvrir et laisser mijoter encore 6 minutes jusqu'à ce que les boulettes soient cuites.

Soupe aigre-piquante

pour 4 personnes

8 champignons chinois séchés
1¾ tasses / 1 L / 4¼ tasses de bouillon de poulet
100 g / 4 oz de poulet, coupé en lanières
100 g de pousses de bambou coupées en lanières
100 g/4 oz de tofu, coupé en lanières
15 ml / 1 cuillère à soupe de sauce soja
30 ml/2 cuillères à soupe de vinaigre de vin
30 ml/2 cuillères à soupe de fécule de maïs (maïzena)
2 œufs, battus
quelques gouttes d'huile de sésame

Faire tremper les champignons dans de l'eau tiède pendant 30 minutes, puis les égoutter. Jetez les tiges et coupez les chapeaux en lanières. Porter à ébullition les champignons, le bouillon, le poulet, les pousses de bambou et le tofu, couvrir et laisser mijoter 10 minutes. Mélanger la sauce soja, le vinaigre de vin et la fécule de maïs jusqu'à consistance lisse, incorporer à la soupe et laisser mijoter pendant 2 minutes jusqu'à ce que la soupe devienne claire. Verser lentement les œufs et l'huile de sésame en remuant avec un bâton. Couvrir et laisser reposer 2 minutes avant de servir.

Soupe aux champignons

pour 4 personnes

15 champignons chinois séchés
2½ pintes/6 tasses/1,5 L de bouillon de poulet
5 ml / 1 cuillère à café de sel

Faire tremper les champignons dans de l'eau tiède pendant 30 minutes, puis les égoutter en réservant le liquide. Jetez les tiges et coupez les chapeaux en deux s'ils sont gros et placez-les dans un grand bol résistant à la chaleur. Placer le bol sur le gril dans le cuiseur vapeur. Portez le bouillon à ébullition, versez-le sur les champignons, puis couvrez et faites cuire dans l'eau bouillante pendant 1 heure. Assaisonner de sel au goût et servir.

Soupe aux champignons et choux

pour 4 personnes

25 g/1 oz de champignons chinois séchés
15 ml / 1 cuillère à soupe d'huile d'arachide (cacahuète)
2 oz/50 g de feuilles chinoises, hachées
15 ml / 1 cuillère à soupe d'alcool de riz ou de xérès sec
15 ml / 1 cuillère à soupe de sauce soja
2 pièces/5 tasses/1,2 L de bouillon de poulet ou de légumes
sel et poivre fraîchement moulu
5 ml/1 cuillère à café d'huile de sésame

Faire tremper les champignons dans de l'eau tiède pendant 30 minutes, puis les égoutter. Jetez les tiges et coupez les chapeaux. Faire chauffer l'huile et faire revenir les champignons et les feuilles chinoises pendant 2 minutes jusqu'à ce qu'ils soient bien dorés. Incorporer le vin ou le xérès et la sauce soja, puis verser le bouillon. Porter à ébullition, saler et poivrer au goût et laisser mijoter 5 minutes. Arroser d'huile de sésame avant de servir.

Soupe aux oeufs aux champignons

pour 4 personnes

1¾ tasses / 1 L / 4¼ tasses de bouillon de poulet

30 ml/2 cuillères à soupe de fécule de maïs (maïzena)

100 g/4 oz de champignons, tranchés

1 tranche d'oignon, haché finement

une pincée de sel

3 gouttes d'huile de sésame

2,5 ml / ½ cuillère à café de sauce soja

1 oeuf, battu

Mélanger une partie du bouillon avec la fécule de maïs, puis incorporer tous les ingrédients sauf l'œuf. Porter à ébullition, couvrir et laisser mijoter 5 minutes. Battre l'œuf en remuant avec un bâton pour que l'œuf forme des cordons. Retirer du feu et laisser reposer 2 minutes avant de servir.

Soupe aux champignons et châtaignes d'eau

pour 4 personnes

1¾ tasses / 1 L / 4¼ tasses de bouillon de légumes ou d'eau
2 oignons, hachés finement
5 ml/1 cuillère à café de vin de riz ou de xérès sec
30 ml/2 cuillères à soupe de sauce soja
225 g/8 onces de champignons
100 g/4 oz de châtaignes d'eau, tranchées
100 g / 4 oz de pousses de bambou, hachées
quelques gouttes d'huile de sésame
2 feuilles de laitue, coupées en morceaux
2 oignons (oignons verts), coupés en morceaux

Porter à ébullition l'eau, les oignons, le vin ou le xérès et la sauce soja, couvrir et laisser mijoter 10 minutes. Ajouter les champignons, les châtaignes d'eau et les pousses de bambou, couvrir et laisser mijoter 5 minutes. Incorporer l'huile de sésame, les feuilles de laitue et les oignons verts, retirer du feu, couvrir et laisser reposer 1 minute avant de servir.

Soupe au porc et aux champignons

pour 4 personnes

60 ml/4 cuillères à soupe d'huile d'arachide

1 gousse d'ail, hachée

2 oignons, hachés

8 oz/225 g de porc maigre, coupé en lanières

1 branche de céleri, hachée

2 oz/50 g de champignons, tranchés

2 carottes, tranchées

2 c. à thé / 5 tasses / 1,2 L de bouillon de bœuf

15 ml / 1 cuillère à soupe de sauce soja

sel et poivre fraîchement moulu

15 ml/1 cuillère à soupe de fécule de maïs (maïzena)

Faire chauffer l'huile et faire revenir l'ail, les oignons et le porc jusqu'à ce que les oignons soient tendres et légèrement dorés. Ajouter le céleri, les champignons et les carottes, couvrir et laisser mijoter doucement pendant 10 minutes. Portez le bouillon à ébullition, puis versez-le dans une casserole avec la sauce soja et assaisonnez avec du sel et du poivre au goût. Mélangez la fécule de maïs avec un peu d'eau, puis versez-la dans une casserole et laissez mijoter environ 5 minutes en remuant.

Soupe au porc et cresson

pour 4 personnes

2½ pintes/6 tasses/1,5 L de bouillon de poulet

100 g de porc maigre coupé en lanières

3 branches de céleri, coupées en diagonale

2 oignons (oignons verts), tranchés

1 botte de cresson

5 ml / 1 cuillère à café de sel

Porter le bouillon à ébullition, ajouter le porc et le céleri, couvrir et laisser mijoter 15 minutes. Ajouter les oignons, le cresson, le sel et laisser mijoter à découvert environ 4 minutes.

Soupe au porc et concombre

pour 4 personnes

100 g de porc maigre, tranché finement
5 ml/1 cuillère à café de fécule de maïs (fécule de maïs)
15 ml / 1 cuillère à soupe de sauce soja
15 ml / 1 cuillère à soupe d'alcool de riz ou de xérès sec
1 concombre
2½ pintes/6 tasses/1,5 L de bouillon de poulet
5 ml / 1 cuillère à café de sel

Mélanger le porc, la fécule de maïs, la sauce soja et le vin ou le xérès. Remuer pour enrober le porc. Pelez le concombre et coupez-le en deux dans le sens de la longueur, puis retirez les graines. Coupe épaisse. Porter le bouillon à ébullition, ajouter le porc, couvrir et laisser mijoter 10 minutes. Ajouter le concombre et faire revenir quelques minutes jusqu'à ce qu'il soit translucide. Incorporer le sel et ajouter un peu plus de sauce soja si vous le souhaitez.

Boulettes de porc et soupe de nouilles

pour 4 personnes

50 g/2 oz de nouilles de riz

225 g/8 oz de porc haché (haché)

5 ml/1 cuillère à café de fécule de maïs (fécule de maïs)

2,5 ml / ½ cuillère à café de sel

30 ml / 2 cuillères à soupe d'eau

2½ pintes/6 tasses/1,5 L de bouillon de poulet

1 oignon (oignon vert), haché finement

5 ml/1 cuillère à café de sauce soja

Pendant que vous préparez les boulettes de viande, placez les pâtes dans de l'eau froide pour les faire tremper. Mélanger le porc, la fécule de maïs, un peu de sel et d'eau et former des boules de la taille d'une noix. Faire bouillir une casserole d'eau, ajouter les boulettes de porc, couvrir et laisser mijoter 5 minutes. Égouttez et égouttez bien les pâtes. Porter le bouillon à ébullition, ajouter les boulettes de porc et les nouilles, couvrir et laisser mijoter 5 minutes. Ajouter l'oignon, la sauce soja et le sel restant et faire revenir encore 2 minutes.

Soupe aux épinards et tofu

pour 4 personnes

2 pièces. / 5 tasses / 1,2 l de bouillon de poulet

7 oz/200 g de tomates en conserve, égouttées et hachées

8 oz/225 g de tofu, coupé en cubes

8 oz/225 g d'épinards, hachés

30 ml/2 cuillères à soupe de sauce soja

5 ml/1 cuillère à café de cassonade

sel et poivre fraîchement moulu

Porter le bouillon à ébullition, puis ajouter les tomates, le tofu et les épinards et remuer doucement. Porter à nouveau à ébullition et cuire 5 minutes. Ajouter la sauce soja et le sucre, saler et poivrer au goût. Laisser bouillir 1 minute avant de servir.

Soupe de maïs et de crabe

pour 4 personnes

2 pièces. / 5 tasses / 1,2 l de bouillon de poulet
200g/7oz de maïs doux
sel et poivre fraîchement moulu
1 oeuf, battu
7 oz/200 g de chair de crabe, émiettée
3 échalotes, hachées

Porter le bouillon à ébullition, ajouter le maïs doux assaisonné de sel et de poivre. Laisser mijoter 5 minutes. Avant de servir, égrainez les œufs avec une fourchette et faites-les tourbillonner sur le dessus de la soupe. Servir garni de chair de crabe et d'échalotes hachées.

Soupe sichuanaise

pour 4 personnes

4 champignons chinois séchés

2½ pintes/6 tasses/1,5 L de bouillon de poulet

75 ml/5 cuillères à soupe de vin blanc sec

15 ml / 1 cuillère à soupe de sauce soja

2,5 ml / ½ cuillère à café de sauce chili

30 ml/2 cuillères à soupe de fécule de maïs (maïzena)

60 ml / 4 cuillères à soupe d'eau

100 g de porc maigre coupé en lanières

2 oz/50 g de jambon cuit, coupé en lanières

1 poivron rouge, coupé en lanières

2 oz/50 g de châtaignes d'eau, tranchées

10 ml / 2 cuillères à café de vinaigre de vin

5 ml/1 cuillère à café d'huile de sésame

1 oeuf, battu

100 g de crevettes décortiquées

6 oignons (oignons verts), hachés

6 oz/175 g de tofu, coupé en cubes

Faire tremper les champignons dans de l'eau tiède pendant 30 minutes, puis les égoutter. Jetez les tiges et coupez les chapeaux. Apportez du bouillon, du vin, du soja

sauce et la sauce chili, porter à ébullition, couvrir et laisser mijoter 5 minutes. Mélanger la fécule de maïs avec la moitié de l'eau et incorporer à la soupe en remuant jusqu'à ce que la soupe épaississe. Ajouter les champignons, le porc, le jambon, le poivron et les châtaignes d'eau et laisser mijoter 5 minutes. Incorporer le vinaigre de vin et l'huile de sésame. Battez l'oeuf avec le reste d'eau et versez-le dans la soupe en remuant vigoureusement. Ajouter les crevettes, les oignons et le tofu et faire revenir quelques minutes pour réchauffer.

Soupe de tofu

pour 4 personnes

2½ pintes/6 tasses/1,5 L de bouillon de poulet

8 oz/225 g de tofu, coupé en cubes

5 ml / 1 cuillère à café de sel

5 ml/1 cuillère à café de sauce soja

Faire bouillir le bouillon et ajouter le tofu, le sel et la sauce soja. Laisser mijoter quelques minutes jusqu'à ce que le tofu soit chaud.

Soupe de tofu et poisson

pour 4 personnes

8 oz/225 g de filets de poisson blanc, coupés en lanières
150 ml / ¼ pt / généreux ½ tasse de vin de riz ou de xérès sec
10 ml / 2 cuillères à café de racine de gingembre finement hachée
45 ml / 3 cuillères à soupe de sauce soja
2,5 ml / ½ cuillère à café de sel
60 ml/4 cuillères à soupe d'huile d'arachide
2 oignons, hachés
100 g/4 oz de champignons, tranchés
2 pièces. / 5 tasses / 1,2 l de bouillon de poulet
100 g/4 oz de tofu coupé en cubes
sel et poivre fraîchement moulu

Mettre le poisson dans un bol. Mélanger le vin ou le sherry, le gingembre, la sauce soja et le sel et verser sur le poisson. Laisser mariner 30 minutes. Faire chauffer l'huile et faire revenir l'oignon pendant 2 minutes. Ajouter les champignons et poursuivre la cuisson jusqu'à ce que les oignons soient tendres mais pas cuits. Ajouter le poisson et la marinade, porter à ébullition, couvrir et laisser mijoter 5 minutes. Verser le bouillon, porter à nouveau à ébullition, couvrir et laisser mijoter 15 minutes. Ajouter le tofu et assaisonner avec du sel et du poivre au goût. Laisser mijoter jusqu'à ce que le tofu soit cuit.

Soupe à la tomate

pour 4 personnes

400 g/14 oz de tomates en conserve, égouttées et hachées
2 pièces. / 5 tasses / 1,2 l de bouillon de poulet
1 tranche de racine de gingembre, hachée
15 ml / 1 cuillère à soupe de sauce soja
15 ml / 1 cuillère à soupe de sauce chili aux haricots
10 ml / 2 cuillères à café de sucre

Mettre tous les ingrédients dans une casserole et porter à ébullition lente en remuant de temps en temps. Laisser mijoter environ 10 minutes avant de servir.

Soupe aux tomates et aux épinards

pour 4 personnes

2 pièces. / 5 tasses / 1,2 l de bouillon de poulet

8 oz/225 g de tomates hachées en conserve

8 oz/225 g de tofu, coupé en cubes

225 g / 8 onces d'épinards

30 ml/2 cuillères à soupe de sauce soja

sel et poivre fraîchement moulu

2,5 ml / ½ cuillère à café de sucre

½ c. à thé/2,5 ml de vin de riz ou de xérès sec

Porter le bouillon à ébullition, puis ajouter les tomates, le tofu et les épinards et laisser mijoter 2 minutes. Ajouter le reste des ingrédients et laisser mijoter pendant 2 minutes, puis bien mélanger et servir.

soupe de navet

pour 4 personnes

1¾ tasses / 1 L / 4¼ tasses de bouillon de poulet
1 gros navet, tranché finement
200 g/7 oz de porc maigre, tranché finement
15 ml / 1 cuillère à soupe de sauce soja
60 ml / 4 cuillères de cognac
sel et poivre fraîchement moulu
4 échalotes, hachées finement

Porter le bouillon à ébullition, ajouter le navet et le porc, couvrir et laisser mijoter 20 minutes, jusqu'à ce que les navets soient tendres et que la viande soit cuite. Incorporer la sauce soya et le brandy assaisonner au goût. Laisser mijoter jusqu'à ce qu'il soit servi chaud, parsemé d'échalotes.

Soupe aux légumes

pour 4 personnes

6 champignons chinois séchés
1¾ tasses / 1 L / 4¼ tasses de bouillon de légumes
50 g de pousses de bambou, coupées en lanières
2 oz/50 g de châtaignes d'eau, tranchées
8 pois mange-tout, hachés
5 ml/1 cuillère à café de sauce soja

Faire tremper les champignons dans de l'eau tiède pendant 30 minutes, puis les égoutter. Jetez les tiges et coupez les chapeaux en lanières. Ajoutez-les au bouillon avec les pousses de bambou et les châtaignes d'eau et portez à ébullition, couvrez et laissez mijoter 10 minutes. Ajouter les mange-tout et la sauce soja, couvrir et laisser mijoter 2 minutes. Laisser reposer 2 minutes avant de servir.

Soupe végétarienne

pour 4 personnes

¼ chou blanc

2 carottes

3 branches de céleri

2 oignons (oignons verts)

30 ml/2 cuillères à soupe d'huile d'arachide

2½ points. / 6 tasses / 1,5 l d'eau

15 ml / 1 cuillère à soupe de sauce soja

15 ml / 1 cuillère à soupe d'alcool de riz ou de xérès sec

5 ml / 1 cuillère à café de sel

poivre fraîchement moulu

Couper les légumes en lanières. Faire chauffer l'huile et faire frire les légumes pendant 2 minutes jusqu'à ce qu'ils commencent à ramollir. Ajouter le reste des ingrédients, porter à ébullition, couvrir et laisser mijoter 15 minutes.

soupe de cresson

pour 4 personnes

1¾ tasses / 1 L / 4¼ tasses de bouillon de poulet
1 oignon, haché finement
1 branche de céleri, finement hachée
8 oz/225 g de cresson, haché grossièrement
sel et poivre fraîchement moulu

Porter à ébullition le bouillon, l'oignon et le céleri, couvrir et laisser mijoter 15 minutes. Ajouter le cresson, couvrir et laisser mijoter 5 minutes. Assaisonnez avec du sel et du poivre.

Poisson frit aux légumes

pour 4 personnes

4 champignons chinois séchés
4 poissons entiers, nettoyés et émincés
huile de cuisson
30 ml/2 cuillères à soupe de fécule de maïs (maïzena)
45 ml / 3 cuillères à soupe d'huile d'arachide
100 g de pousses de bambou coupées en lanières
2 oz/50 g de châtaignes d'eau, coupées en lanières
2 oz/50 g de chou chinois, râpé
2 tranches de racine de gingembre, hachées
30 ml/2 cuillères à soupe de vin de riz ou de xérès sec
30 ml / 2 cuillères à soupe d'eau
15 ml / 1 cuillère à soupe de sauce soja
5 ml / 1 cuillère à café de sucre
120 ml / 4 fl oz / ¬Ω tasse de fumet de poisson
sel et poivre fraîchement moulu
¬Ω laitue, râpée
15 ml / 1 cuillère à soupe de persil plat haché

Faire tremper les champignons dans de l'eau tiède pendant 30 minutes, puis les égoutter. Jetez les tiges et coupez les chapeaux. Couper le poisson en deux

semoule de maïs et secouez l'excédent. Faire chauffer l'huile et faire frire le poisson pendant environ 12 minutes jusqu'à ce qu'il soit cuit. Égoutter sur du papier absorbant et réserver au chaud.

Faire chauffer l'huile et faire sauter les champignons, les pousses de bambou, les châtaignes d'eau et le chou pendant 3 minutes. Ajouter le gingembre, le vin ou le xérès, 15 ml/1 cuillère à soupe d'eau, la sauce soja et le sucre et laisser mijoter pendant 1 minute. Ajouter le bouillon, saler et poivrer, porter à ébullition, couvrir et laisser mijoter 3 minutes. Mélangez la fécule de maïs avec le reste de l'eau, versez-la dans la casserole et laissez mijoter, en remuant, jusqu'à ce que la sauce épaississe. Disposez la salade sur une assiette de service, placez le poisson dessus. Verser sur les légumes et la sauce et servir garni de persil.

Le poisson entier est frit

pour 4 personnes

1 gros bar ou poisson similaire
45 ml/3 cuillères à soupe de semoule de maïs (fécule de maïs)
45 ml / 3 cuillères à soupe d'huile d'arachide
1 oignon, haché
2 gousses d'ail, hachées
50 g/2 oz de jambon, coupé en lanières
100 g de crevettes décortiquées
15 ml / 1 cuillère à soupe de sauce soja
15 ml / 1 cuillère à soupe d'alcool de riz ou de xérès sec
5 ml / 1 cuillère à café de sucre
5 ml / 1 cuillère à café de sel

Enrober le poisson de fécule de maïs. Faire chauffer l'huile et faire revenir l'oignon et l'ail jusqu'à ce qu'ils soient légèrement dorés. Ajouter le poisson et cuire jusqu'à ce qu'il soit doré des deux côtés. Transférer le poisson sur une feuille de papier d'aluminium dans la poêle et garnir avec le jambon et les crevettes. Ajouter la sauce soja, le vin ou le xérès, le sucre et le sel dans une casserole et bien mélanger. Versez sur le poisson, fermez le papier d'aluminium dessus et enfournez dans un four préchauffé à 150°C/300°F/thermostat 2 pendant 20 minutes.

Ragoût de poisson au soja

pour 4 personnes

1 gros bar ou poisson similaire

sel

50 g/2 oz/¬Ω tasse de farine ordinaire (tout usage)

60 ml/4 cuillères à soupe d'huile d'arachide

3 tranches de racine de gingembre, hachées

3 oignons (oignons verts), hachés

250 ml / 8 oz / 1 tasse d'eau

45 ml / 3 cuillères à soupe de sauce soja

15 ml / 1 cuillère à soupe d'alcool de riz ou de xérès sec

2,5 ml/¬Ω c. sucre

Nettoyez le poisson, éviscérez-le et marquez-le en diagonale des deux côtés. Saupoudrer de sel et laisser reposer 10 minutes. Chauffez l'huile et faites frire le poisson des deux côtés jusqu'à ce qu'il soit doré, en le retournant une fois et en l'arrosant d'huile pendant la friture. Ajouter le gingembre, les oignons, l'eau, la sauce soja, le vin ou le xérès et le sucre, porter à ébullition, couvrir et laisser mijoter 20 minutes jusqu'à ce que le poisson soit bien cuit. Servir chaud ou froid.

Poisson de soja à la sauce d'huître

pour 4 personnes

1 gros bar ou poisson similaire

sel

60 ml/4 cuillères à soupe d'huile d'arachide

3 oignons (oignons verts), hachés

2 tranches de racine de gingembre, hachées

1 gousse d'ail, hachée

45 ml/3 cuillères à soupe de sauce aux huîtres

30 ml/2 cuillères à soupe de sauce soja

5 ml / 1 cuillère à café de sucre

250 ml / 8 oz / 1 tasse de fumet de poisson

Nettoyez le poisson, coupez et marquez-en plusieurs en diagonale de chaque côté. Saupoudrer de sel et laisser reposer 10 minutes. Chauffez la majeure partie de l'huile et faites frire le poisson des deux côtés, en le retournant une fois, jusqu'à ce qu'il soit doré. Pendant ce temps, chauffer le reste de l'huile dans une poêle séparée et faire revenir les oignons, le gingembre et l'ail jusqu'à ce qu'ils soient légèrement dorés. Ajouter la sauce aux huîtres, la sauce soja et le sucre et faire revenir 1 minute. Verser le bouillon et porter à ébullition. Verser le mélange dans le poisson rouge, porter à nouveau à ébullition, couvrir et laisser mijoter pendant env.

15 minutes jusqu'à ce que le poisson soit cuit, en le retournant une ou deux fois pendant la cuisson.

Loup de mer cuit à la vapeur

pour 4 personnes

1 gros bar ou poisson similaire
2,25 L / 4 pintes / 10 tasses d'eau
3 tranches de racine de gingembre, hachées
15 ml / 1 cuillère à soupe de sel
15 ml / 1 cuillère à soupe d'alcool de riz ou de xérès sec
30 ml/2 cuillères à soupe d'huile d'arachide

Nettoyez le poisson, déveinez-le et faites plusieurs marques diagonales des deux côtés. Porter l'eau à ébullition dans une grande casserole et ajouter le reste des ingrédients. Plonger le poisson dans l'eau, couvrir hermétiquement, éteindre le feu et laisser reposer 30 minutes jusqu'à ce que le poisson soit cuit.

Mijoté de poisson aux champignons

pour 4 personnes

4 champignons chinois séchés

1 grosse carpe ou poisson similaire

sel

45 ml / 3 cuillères à soupe d'huile d'arachide

2 oignons (oignons verts), hachés

1 tranche de racine de gingembre, hachée

3 gousses d'ail, hachées

100 g de pousses de bambou coupées en lanières

250 ml / 8 oz / 1 tasse de fumet de poisson

30 ml/2 cuillères à soupe de sauce soja

15 ml / 1 cuillère à soupe d'alcool de riz ou de xérès sec

2,5 ml/¬Ω c. sucre

Faire tremper les champignons dans de l'eau tiède pendant 30 minutes, puis les égoutter. Jetez les tiges et coupez les chapeaux. Entaillez le poisson en diagonale plusieurs fois des deux côtés, saupoudrez de sel et laissez reposer 10 minutes. Faire chauffer l'huile et faire frire le poisson des deux côtés jusqu'à ce qu'il soit légèrement doré. Ajouter les oignons, le gingembre et l'ail et faire sauter pendant 2 minutes. Ajouter le reste des ingrédients, porter à ébullition, couvrir

et laisser mijoter pendant 15 minutes jusqu'à ce que le poisson soit bien cuit, en le retournant une ou deux fois et en remuant de temps en temps.

Poisson aigre-doux

pour 4 personnes

1 gros bar ou poisson similaire
1 oeuf, battu
50g/2oz semoule de maïs (fécule de maïs)
huile de cuisson

Pour la sauce:

15 ml / 1 cuillère à soupe d'huile d'arachide (cacahuète)
1 poivron vert, coupé en lanières
100 g/4 oz de morceaux d'ananas en conserve au sirop
1 oignon, coupé en quatre
100 g/4 oz/¬Ω tasse de cassonade
60 ml / 4 cuillères à soupe de bouillon de poulet
60 ml/4 cuillères à soupe de vinaigre de vin
15 ml/1 cuillère à soupe de purée de tomates (pâte)
15 ml/1 cuillère à soupe de fécule de maïs (maïzena)
15 ml / 1 cuillère à soupe de sauce soja
3 oignons (oignons verts), hachés

Nettoyez le poisson et retirez les nageoires et la tête si vous le souhaitez. Badigeonner d'œuf battu, puis de fécule de maïs. Faites chauffer l'huile et faites frire le poisson jusqu'à ce qu'il soit cuit. Bien égoutter et réserver au chaud.

Pour la sauce, chauffer l'huile et faire revenir le poivron, l'ananas égoutté et l'oignon pendant 4 minutes. Ajouter 30 ml/2 cuillères à soupe de sirop d'ananas, le sucre, le bouillon, le vinaigre de vin, la purée de tomates, la semoule de maïs et la sauce soja et porter à ébullition en remuant. Laisser mijoter, en remuant, jusqu'à ce que la sauce se sépare et épaississe. Verser sur le poisson et servir garni d'oignons.

Poisson farci au porc

pour 4 personnes

1 grosse carpe ou poisson similaire

sel

100g/4oz de porc haché (haché)

1 oignon (oignon vert), haché

4 tranches de racine de gingembre, hachées

15 ml/1 cuillère à soupe de fécule de maïs (maïzena)

60 ml / 4 cuillères à soupe de sauce soja

15 ml / 1 cuillère à soupe d'alcool de riz ou de xérès sec

5 ml / 1 cuillère à café de sucre

75 ml/5 cuillères à soupe d'huile d'arachide

2 gousses d'ail, hachées

1 oignon, haché

300 ml/¬Ω pt/1¬° tasses d'eau

Nettoyer le poisson, le détartrer et le saupoudrer de sel. Mélanger le porc, l'oignon, un peu de gingembre, la fécule de maïs, 15 ml/1 cuillère à soupe de sauce soja, le vin ou le xérès et le sucre et utiliser pour farcir le poisson. Faites chauffer l'huile et faites frire le poisson des deux côtés jusqu'à ce qu'il soit légèrement doré, puis retirez-le de la poêle et égouttez la majeure partie de l'huile.

Ajouter l'ail et le gingembre restants et cuire jusqu'à ce qu'ils soient légèrement dorés.

Ajouter le reste de sauce soja et l'eau, porter à ébullition et laisser mijoter 2 minutes. Remettre le poisson dans la casserole, couvrir et laisser mijoter jusqu'à ce que le poisson soit bien cuit, environ 30 minutes, en le retournant une ou deux fois.

www.ingramcontent.com/pod-product-compliance
Lightning Source LLC
Chambersburg PA
CBHW070412120526
44590CB00014B/1368